Caroline Derrien
Candice Nedelec

Les Macron

Fayard

Photographie : © Franck Castel / Wostok Press / Maxppp
Couverture : Antoine du Payrat
© Fayard, 2017
ISBN : 978-2-213-70462-3
Dépôt légal : mars 2017

À Jack Worthing
À Cyril, Pablo et Salomé

« Et Phèdre au labyrinthe avec vous descendue
Se serait avec vous retrouvée ou perdue. »

RACINE, *Phèdre*, acte II, scène 5

Prologue

Elle serait la pierre angulaire du couple. Son socle, son roc. Certains jugent qu'elle en serait plutôt la faille. Sa faille à lui.
Imprévisible parfois et prolixe souvent, Brigitte Macron inquiète les communicants de son mari. Il serait dommage qu'un candidat si bien lancé en vienne à trébucher. Pas maintenant.
De méchantes rumeurs ont déjà failli souiller l'image de cette belle alliance. Après les couvertures people étincelantes comme la pierre précieuse qu'elle porte à sa main gauche, il faut rassurer. Éviter les outrances « bling-bling » de ces anciens hôtes de l'Élysée.

Il a fallu convaincre et batailler avec le staff pour accéder à sa parole. Sans doute apprend-elle à se limiter au cadre désormais imposé, elle qui se défie pourtant des conventions.

Mme Macron nous fera patienter quelques petits instants seulement, dans l'antichambre de son époux, à Paris, rue de l'Abbé-Groult.

En cette fin janvier, c'est son heure à elle... Emportée par son récit, elle ne comptera d'ailleurs plus les minutes, sous l'œil vigilant d'une conseillère com de son mari.

Il faut l'entendre se délecter à nous raconter les belles heures de sa vie. La folle histoire d'une quadra, enseignante admirée, respectée, mariée, partie s'aventurer avec un (très) jeune premier. Cet élève, né vingt-quatre ans après elle – et qu'elle n'a jamais eu dans sa classe.

Sur Emmanuel et sa propre biographie, sur leur « chance » de s'être trouvés, l'ancienne prof paraît si heureuse de pouvoir livrer – enfin – sa vérité. Gommant à peine quelques aspérités... le « climax » de leur vie n'est peut-être plus si loin.

Lui, le regard clair dans le viseur, soigne sa gauche autant que sa droite.

Elle, se présente, libre, franchement drôle, truffant ses phrases de termes anglais, dans ce monde si normé, où quelque statisticien en économie l'aurait déjà rangée côté seniors.

Juchée sur de fines bottines vernies, l'épouse virevolte ainsi dans l'antre politique de son mari. Il est parti au Liban faire entendre sa voix sur le

Proche-Orient. Parfaire son étoffe présidentielle. Alors, elle « colonise » son bureau, comme elle dit. Au sixième étage d'En Marche !, ce QG qui ressemble désormais à une start-up géante. Avec ses lits superposés pour « *helpers* » fatigués. Avec ses murs rouge et bleu comme sortis de sitcoms télé. Tous les acteurs, bénévoles ou pas, travaillent ici pour lui. Lui y croit. Fort, très fort. L'ascension se veut alors irrésistible. Il n'ose rêver de « grands soirs », mais promet des « matins heureux ».

Elle, est en marche, rapide, sur des jambes si minces. Plus que trois mois à tenir. Trois mois pour séduire. Ça tombe bien, ils savent faire. Qu'importe s'ils n'emportaient pas la mise. Ils auront joué. Gros. Deux ans et demi seulement pour conquérir l'opinion.

Aux Français, on a dit qu'ils incarnaient la « transgression », qu'il serait la « disruption ». Ils sont un peu tout ça, Brigitte et Emmanuel Macron.

Une parenthèse à l'Élysée serait-elle seulement leur saison préférée ?

Sans fard, elle lance, plissant ses yeux si bleus : « On n'arrête pas de me dire qu'en politique tout peut arriver. Qu'ils vont nous attaquer, alors j'attends ! On verra… » Elle a déjà vu. Les rumeurs et les douleurs.

À les entendre, la possibilité d'un ailleurs n'est jamais bien loin. Ils auraient mille destinées quand d'autres n'ont qu'une seule vie.

Ils ont dû se battre pour construire la leur. C'était il y a plus de vingt ans. Elle, qui se méfie tant de la nature humaine, sait que tout peut s'arrêter. La politique, comme le reste. De son propre commentaire, l'âge n'a rien à voir à l'affaire. Elle n'a pas tort. Ce couple, à part, les a installés durablement sur la scène.

« Je ne suis pas une héroïne de roman ! » lance-t-elle. On devine qu'elle le pense, justement.

L'heure est présidentielle. Pourtant, ce mari qu'elle a dirigé au théâtre, qu'elle briefe dans la coulisse politique, elle se plaît même à l'imaginer, un jour… en « Julien Sorel ». « Il serait bien dans le rôle ! »

Devant nous, le visage animé, cerné de ces mèches un peu trop blondes, la femme de lettres n'en finit pas de jouer. Sincère, semble-t-il. Comme une adolescente qui raconterait sa « *life* ».

Il y a tant à dire…

Providentielle rencontre

Un grand boulevard un peu triste. L'une de ces artères qui traversent le sud de la cité picarde. Très vite « la Providence » émerge, imposante, immense ensemble scolaire et propriété des Jésuites. Des années déjà que ces hommes de Dieu ont pourtant quitté les lieux, vastes et austères. Mais les valeurs perdurent dans cet établissement privé sous contrat d'association avec l'État. Celles que les familles bourgeoises d'Amiens et des environs veulent inculquer à leurs enfants.

« Être, agir, réussir, grandir. » La devise est ambitieuse. Il s'agit aussi de donner le sens d'autrui, du partage. « Illumine ton cœur », lit-on au détour d'un couloir. Donner aussi et surtout cet essentiel goût du travail, celui-là même que promeut le candidat Macron.

Emmanuel a fait ses classes à « la Pro », comme disent les anciens disciples. « La Pro », avec sa piscine intérieure, sa « pastorale », les cours de catéchisme (très) facultatifs, et sa salle de spectacle, à l'étage d'un sinistre bloc de béton, sis au fond de la cour. Là où tout s'est joué.

La scène est encore belle. Tout a vécu, pourtant. Le velours grenat des fauteuils s'est délité. Le grand rideau beige usé, déchiré tient encore, par miracle. Vingt-quatre années ont passé, figeant cette autre scène. Celle d'un garçon de quinze ans inscrit au club théâtre de son lycée.

En ce printemps 1993, il goûte alors pour la seconde fois au jeu des rôles – cette découverte de soi en incarnant la vie d'un autre. Goûte le délice des applaudissements aussi, la mise en lumière qui enchante et nourrit l'*ego*.

Elle dirige, seule, le club théâtre pour le cycle du lycée. Brigitte Auzière, enseignante de lettres et de latin, a trouvé sa récréation dans une vie amiénoise agréable, mais un rien monotone peut-être.

Avec ses élèves, elle ne ménage ni ses heures ni son verbe et leur fait partager sa dilection pour Molière ou Baudelaire. Prônant cet « esprit critique » si cher à ses yeux, condition *sine qua non* de toute émancipation. La sienne se dessine.

Emmanuel Macron. Brigitte Auzière. L'élève, son professeur. L'affiche paraît banale. Elle ne le sera pas.

Depuis toujours ou presque, le jeune Emmanuel brille. Des résultats rarement égalés. Même à l'école Delpech à Amiens – avant d'entrer à La Providence –, un camarade en petite classe se souvient de « sa rapidité hallucinante ». « Il me battait toujours au moindre jeu. »

L'aîné de la fratrie Macron grandit dans une famille sereine, assez académique aussi, avec son frère Laurent et sa sœur Estelle. Jean-Michel, le père, est neurologue, la mère, Françoise, médecin-conseil à la Sécurité sociale après une formation de pédiatre.

Une famille bourgeoise, où l'ostentation n'a pas lieu d'être, où le travail est une valeur-clef. Emmanuel évolue dans un climat de bienveillance, selon ses propres mots. Mais la légèreté n'est pas toujours de mise. « Une vie de famille assez banale, confie Jean-Michel Macron, avec deux aînés à la personnalité très différente. Emmanuel était plutôt extraverti. »

Parfois, le garçon semble las des discussions incessantes autour de la vie de l'hôpital ou de l'évolution de la recherche.
À quelques centaines de mètres à peine de la Providence, il mûrit dans une rue très tranquille

du quartier huppé d'Henriville. En briques forcément, les fenêtres délicatement ouvragées, la maison – avec jardin – est jolie. Entourée de bâtisses semblables, les fameuses « amiénoises ».

Aujourd'hui, le boucher du coin n'en fait pas toute une histoire. « Oui, Emmanuel Macron a passé là toute sa jeunesse », lâche-t-il, laconique. La famille est toujours restée si discrète.

Adolescent, le jeune Macron s'évade en lisant. « Ce n'était quand même pas un zombie toujours enfermé dans sa chambre », relativise son père. André Gide ou encore *Le Roi des aulnes* de Michel Tournier sont sur sa table de chevet. Des auteurs que sa bien-aimée grand-mère maternelle, devenue directrice d'école, Germaine Noguès, *alias* « Manette », décédée en 2013, lui a donnés en partage. Combien de fois, enfant, ne s'est-il pas échappé de cette « vie immobile » – son expression – pour retrouver chez elle tendresse et savoir.

Ce jeune homme rangé est loin de faire le mur ou de se déhancher sur un *dance-floor*, le samedi soir. C'est un adolescent doué, pris de fièvre littéraire, si l'on en croit l'un de ses comparses des années de « la Pro ». « On nous avait demandé d'écrire en troisième la première page d'un roman policier, puis de le lire en classe. J'avais bien bossé, j'étais assez fier du rendu. Et là, Emmanuel est passé après moi pour lire sa feuille... Comment dire ? C'était tellement brillant ! J'ai eu l'impression d'avoir fait quelque chose de totalement nul. Lui, en plus, avait dû écrire ça sur un coin de table pendant la récré... » Fou de lettres, Emmanuel choisit pour stage scolaire de s'immerger dans une maison d'édition parisienne.

Dans la bouche de Frédéric, qui, pourtant, n'était pas un ami, les épithètes pleuvent. Dithyrambiques. « Ce type est génial, stratosphérique, "extraordinaire" au sens littéral. » « Le pire, c'est que vous n'allez pas me croire, parce que personne ne peut imaginer. Je n'ai jamais rencontré quelqu'un de semblable durant mes études et ma vie professionnelle », insiste cet ancien avocat.

« Il y a plus de dix ans, j'ai dit un jour à mon épouse : "J'ai eu un mec dans ma classe au lycée, je suis persuadé qu'il sera président de la République" », arguë-t-il, visionnaire... ou pas ! Et de livrer aussi, amusé, le récit de sa petite grande victoire contre Emmanuel. « Une fois seulement, je l'ai battu, arrivant devant lui au concours de dictée. » L'exception infirmant la règle.

L'élève Macron est bon. Très bon. En tout. Une insolente réussite mais dont, paradoxalement, il ne s'enorgueillit pas ou peu. Son succès ne génère alors aucune hargne chez les autres élèves ; celle-là même que les têtes de classe suscitent, souvent.

Brigitte est mariée à André-Louis Auzière. À seulement vingt ans, elle l'épouse. Question de génération sans doute. « Bibi », surnom donné par les siens, veut d'abord fonder une famille, sensible de surcroît à la petite enfance depuis toujours.

Avant de revenir à Amiens, les Auzière vivent à Lille, puis à Strasbourg. Lui est nommé là-bas à la direction de la Banque française du commerce extérieur, absorbée plus tard par le Crédit national. Une mère d'élève approche son épouse à la sortie de l'école. La direction diocésaine – qui s'occupe des établissements privés – cherche des enseignants…

Brigitte, sollicitée par une amie, s'est essayée un temps, un peu par hasard, au métier d'attachée de presse à la chambre de commerce du Pas-de-Calais. L'enseignement ? Elle n'y songe pas un instant. S'amusant à raconter dans un grand éclat de rire qu'elle ne gérait déjà pas toujours une horde d'enfants aux anniversaires des siens !

Après sa maîtrise de lettres modernes, elle s'imagine plutôt dans les ressources humaines. Mais finalement, se laisse convaincre. Passe le CAPES, et fait ses premières armes dans la cité alsacienne, à Lucie-Berger, établissement d'inspiration luthérienne. C'est la révélation.

Elle vit cette nouvelle mission avec facilité, félicité, tel un engagement au plus près de ses élèves. Accessible, mais pas familière.

Toute sa famille ou presque – les Trogneux – vit, elle, par et pour sa prospère entreprise de chocolaterie et de confiserie.

« Depuis cinq générations la maison Trogneux régale les Amiénois de délices chocolatés et sucrés », titrait à l'approche des dernières fêtes le magazine du *Courrier picard*. À la tête des sept boutiques de l'enseigne dans les Hauts-de-France, Jean-Alexandre Trogneux, le neveu de Brigitte. Pas moins de trois points de vente à ce jour dans la seule ville d'Amiens pour s'approvisionner en macarons aux amandes – « notre madeleine de Proust à nous », souffle une habitante.

Sur la maison mère, dans la grande artère commerçante piétonne, s'affiche en lettres couleur chocolat « Jean Trogneux », nom du défunt père de Brigitte.

Une réussite de taille si l'on en juge par les clients qui se massent dans la boutique principale. Une pléiade de vendeuses s'y affaire chaque samedi. Ici, tout se veut traditionnel. Le design des figurines est même un rien désuet, l'esthétisme peu raffiné, au regard des grands artisans chocolatiers parisiens.

Brigitte, benjamine de six enfants, a grandi dans cette vie provinciale, au milieu d'une famille très aimante et travailleuse. Une famille sensiblement de droite, soutenant notamment l'UDF Gilles de Robien, qui arrachera cette ville longtemps communiste.

Ce monde-là, elle ne l'a jamais boudé ; il lui a offert aussi une aisance matérielle, comme la belle maison du Touquet dont elle a hérité.

L'écolière étudie chez les religieuses du Sacré-Cœur à Amiens. Indisciplinée, elle se fait souvent sanctionner. Et se retrouve, chiffon à la main, à nettoyer les carreaux.

Fêtarde invétérée affublée d'un kilt ultra-mini, elle danse jusqu'à l'aube des rocks de choc sur les notes de John Lee Hooker. Quand elle n'écoute pas en boucle les 33 tours de Johnny. Une adolescence assez délurée à l'opposé du sage Emmanuel, plongé dans d'incessantes lectures ou travaillant à ses (rares) heures perdues ses gammes de piano.

Mais elle se sent un rien différente. Cette adolescente « en souffrance », comme elle le chuchotera des années plus tard à son ami, l'écrivain Philippe Besson, rêve confusément d'un ailleurs. D'autre chose.

De son propre aveu, elle a tout pour être heureuse. Absolument tout. Pétillante, elle dissimule de vives angoisses existentielles. Sans doute la confrontation très jeune à la mort d'un proche. Elle, qui ne s'est jamais risquée à la psychanalyse, à disséquer cette fêlure intime, « voit la mort partout ». « Comme Maupassant ! » glisse-t-elle, grave et légère, tout de noir vêtue.

L'enseignante et mère de trois enfants, Sébastien, Laurence et Tiphaine – la petite dernière, née en 1984 –, s'arrime à la littérature. Et à cette vie de famille tant désirée.

Après la parenthèse alsacienne, sa vie est tout amiénoise, non loin de « la Pro ». « Ah ! Brigitte, elle était vraiment très chouette », glisse une ancienne collègue de lettres qui arpente le lycée depuis trente ans, esquivant toutefois l'évocation de cette dangereuse liaison avec le jeune Macron.

Mme Auzière séduit sans mal son public. « Elle était hyper gentille, passionnée par son métier », raconte un ancien élève. Un autre, Nicolas, la classe même « parmi les cinq meilleurs de la Pro ». Une prof guère autoritariste, car beaucoup lui reconnaissent d'emblée « une autorité naturelle ».

Une prof qui transporte par un enthousiasme contagieux, un souci de transmettre. « Tous les lycéens étaient amoureux d'elle », lâche spontanément Frédéric, de la même promo qu'Emmanuel. « Petite, j'étais même jalouse de tous ces élèves qui lui écrivaient ou l'appelaient à la maison », confie sa benjamine Tiphaine.

Bien plus tard, au début des années 2000, elle suscite sensiblement le même engouement. « Ce n'était pas le genre de prof à dicter son cours aux élèves, il y avait beaucoup de débats dans la classe. On étudiait Voltaire, La Fontaine comme *Les Animaux malades de la peste* : "Selon que vous serez puissant ou misérable…" Elle nous demandait : "Est-ce que ça pourrait exister aujourd'hui selon vous ?" Son look aussi, sa manière d'être toujours très apprêtée tranchait avec le style des autres profs », raconte encore Martin, un ex-élève de première littéraire.

Presque dix ans auparavant, Emmanuel et sa professeure font connaissance. À l'atelier théâtre. Laurence, sa cadette – très jolie jeune fille aux dires des élèves –, lui a déjà parlé de cet élève pas comme les autres. « Il y a un fou dans ma classe qui sait tout sur tout ! » lui raconte en substance sa fille – née en 1977 comme Emmanuel.

Comme Frédéric, comme d'autres, Laurence est bluffée. Sa mère le vérifiera les mois suivants, écoutant la prosodie, l'éloquence de cet élève qui ne sera en réalité jamais vraiment le sien. Les seuls cours donnés par Mme Auzière à Emmanuel Macron sont délivrés sur la scène de théâtre. Ni note à donner, ni bulletin à parapher.

Mais avant de faire répéter cet élève de seconde, le nom « Macron » a déjà résonné à ses oreilles. Dans la salle des profs de « la Pro », ses collègues ont souvent son patronyme à la bouche. Macron par-ci, Macron par-là. Emmanuel, donc, dont les profs louent déjà les qualités hors pair, mais aussi le frère cadet, Laurent, et la benjamine, Estelle. Tous premiers de la classe. Et, simple hasard d'homonymie… une autre fratrie « Macron », à la réussite scolaire indéniable, fait aussi ses classes à « la Pro » !

Mme Auzière sait déjà à qui elle a affaire lorsqu'elle rencontre Macron Emmanuel. Le collégien l'avait pourtant déjà stupéfiée, alors que l'enseignante avait assisté comme mère de famille à une remise de prix pour des rapports de stage. Le garçon en troisième ose alors discourir sur… la vanité d'une telle consécration !

Quelques mois plus tard, le portrait intellectuel élogieux qu'on lui a brossé du jeune homme coïncide en tout point avec ses premières impressions. Pour ne rien gâcher, l'ado est plutôt « cool », « très décontract » et « sympa avec tout le monde ».

Selon son épouse aujourd'hui, les élèves ne regardent que lui, quasi subjugués. Qu'importe si le rôle qu'il endosse – un épouvantail – dans *La Comédie du langage* de Jean Tardieu ne lui plaît pas vraiment. Elle, est subjuguée par sa présence, son intelligence.

À la fin de l'année, alors qu'Emmanuel entend rempiler pour le club théâtre à la rentrée suivante, ils échangent sur la future pièce *L'Art de la comédie* d'Eduardo De Filippo. Lui se risque, malgré son pedigree de novice. « C'est tout juste s'il ne m'a pas dit : "Mais madame, vous devriez être plus ambitieuse !" » se souvient-elle, sourire aux lèvres, dans le documentaire de Pierre Hurel *La Stratégie du météore*[1].

Sûr de son fait, de ses capacités, l'élève Macron lui propose en effet d'ajouter des rôles à la pièce. Dans le texte initial, trop peu de personnages pour toute une troupe d'élèves. Trop peu de rôles féminins aussi. Laurence, la fille de Brigitte, souhaite justement jouer dans la pièce. L'enseignante et Emmanuel réécrivent alors une partie de l'œuvre à quatre mains, qui sera même jouée à la très charmante « Comédie de Picardie », en plein centre-ville d'Amiens. Qu'une enseignante et son élève s'attellent à ce

---

1. Diffusé le 21 novembre 2016 sur France 3.

genre d'exercice commun est chose rare. Incongrue même. Ce rapport de verticalité, d'autorité, inhérent à la relation prof-élève, s'évanouit.

« Je pensais qu'il allait un peu écrire et se lasser, je le connaissais mal. On a écrit et, petit à petit, j'étais subjuguée par son intelligence. Je n'en ai toujours pas mesuré le fond », relate-t-elle dans sa maison du Touquet, sous la caméra de Pierre Hurel.

La professeure est conquise. Intellectuellement d'abord. Au pied de la scène, elle est toujours là, en mouvement, prodiguant ses conseils aux uns et aux autres. S'adonnant sans réserve à son violon d'Ingres. Mais quelque chose d'indicible se tisse au gré des séances entre « Mme Auzière » et son jeune comédien.

Sur cette relation naissante, Brigitte Macron a ce commentaire pudique aujourd'hui : « Oui, j'ai compris qu'elle évoluait insensiblement d'une relation intellectuelle à une relation plus affective. C'était tacite. » La passion est insidieuse, le terrain glissant. Emmanuel et elle pressentent ce qui se joue, mais n'en disent rien. Interdits par ce désir qui l'est tout autant.

« Je savais que c'était l'homme de ma vie, mais ce n'était pas possible », confesse-t-elle encore aux auteures. Une évidence, qu'elle analyse *a posteriori*. Sans ambages. Mais non sans ellipses, aussi.

Lorsqu'on s'attarde sur la particularité, déjà, de cette prime collaboration, elle insiste : « Je ne l'ai jamais considéré comme un élève. »

Comme tant de Français, de Françaises, elle a déjà vu *Mourir d'aimer*, inspiré de l'affaire Gabrielle Russier. Cette agrégée de lettres trentenaire éprise de son élève, presque majeur. Brigitte Auzière fut même bouleversée par cette singulière histoire, par Annie Girardot incarnant l'enseignante éprouvée – une actrice qu'elle a toujours adorée.
Fin des années 1960, le sujet anime, agite les foyers comme jamais. Les censeurs de toute obédience glosent alors jusqu'à la nausée. L'embarrassante « affaire de mœurs » rattrape bientôt un gouvernement empêtré. Une épine même pour le président Pompidou, qui prend garde devant une myriade de micros à ne pas cliver son électorat. Le fin lettré brouille son message, s'échappe par une pirouette énigmatique en déclamant quelques vers d'Eluard. Et évite ainsi le blanc-seing comme l'ukase sur une relation si polémique. Si les histoires d'amour finissent mal en général, dit-on, celle-là succombera, jusqu'au tragique.
Mais Brigitte Auzière ne pense pas une seule seconde à cette tragédie, lorsque cette folle inclination s'exacerbe. Pas la moindre analogie qui vaille, selon elle. Elle ne peut pas y penser puisqu'il ne se

passe rien, comme l'affirme aujourd'hui l'épouse Macron, réfutant ainsi toute aventure charnelle alors. Et d'ajouter, spontanée, sur son « affaire » à elle : « Je ne l'ai jamais vécue comme une transgression. » Son regard, lumineux, ne trahit la moindre gêne, mais exprime plutôt une simple évidence amoureuse.

Une confidence inédite, fort éclairante sur cette relation jugée encore par certains comme une entorse supposée à la loi. Mme Macron redit combien il a fallu « cheminer dans la tête », confrontée à cet adolescent de l'âge de ses enfants. Ce qu'elle se répète inlassablement. « Mme Auzière n'avait absolument pas le profil à déraper avec un élève. Il n'y avait jamais la moindre ambiguïté », observe d'ailleurs Nicolas, un ex-élève aujourd'hui trentenaire.

Pour son premier tour de force de campagne, porte de Versailles, mi-décembre, où dix mille personnes et plus sont venues l'acclamer, quelques jeunes filles de bonne famille séduites par le candidat ne cachent toutefois pas une certaine gêne : « Ça a l'air d'être une belle histoire. Mais bon, il l'a rencontrée quand il avait à peu près notre âge. C'est un peu bizarre quand on se projette. Se dire qu'elle avait l'âge de nos profs », grincent ces étudiantes en prépa Sciences Po.

Jamais, à entendre la femme du candidat, celle-ci n'a de toute façon songé à comparer son couple à quelque autre. Toujours cette singularité. Il n'y a, à dire vrai, guère d'« exemple » auquel s'identifier... Et s'il « ne se passe rien », que dire aussi ? Que condamner ? Qui condamner surtout, s'il n'y a rien à condamner ?

Ces questions semblent ici hors sujet. La majorité sexuelle est, de fait, portée à dix-huit ans et non à quinze, lorsque toute personne a autorité sur des mineurs. Les enseignants ne sont ainsi pas autorisés légalement à entamer une relation intime avec leurs élèves. Ce qui affleure dans ces amitiés particulières consenties tient davantage de l'éthique et du symbolique. Ce diptyque professeur-élève, par certains aspects, emprunte parfois à la relation tutélaire d'un parent à son enfant.

Vécue par tant et tant de générations d'adolescents et de « maîtres », cette relation « plurimillénaire » entre un enseignant et son élève relève en soi de l'exceptionnel et du banal... Sauf que l'élève ne l'est justement pas. Ébouriffant de culture et de talent. Et que sa professeure ressemble plus dans son état d'esprit au héros du *Cercle des poètes disparus*, interprété par Robin Williams, qu'à une enseignante distante, académique. Emmanuel, si différent, « discutait toujours avec les profs. Il avait toujours plein de livres, confie Brigitte Macron au documentariste Pierre Hurel. Ce n'était pas un ado.

Il avait un rapport d'égal à égal. Je ne l'ai jamais vu respecter cette échelle d'âge ».

Brigitte – épouse Macron – se doute bien que ses mots si louangeurs peuvent être mis sur le seul compte de l'amour. Alors comme les camarades d'antan d'Emmanuel, elle persiste encore et encore devant l'objectif : « Les capacités d'Emmanuel sont totalement hors norme. Ce n'est pas sa femme, mais la prof qui parle. » « La prof » a de surcroît formé des centaines d'élèves. À Amiens, et plus encore à Saint-Louis-de-Gonzague, ensuite à Paris. Elle a pu jauger là le potentiel (les limites aussi) de ceux qui sont *a priori* très privilégiés sur la ligne de départ. A entendu tant de futurs HEC ou polytechniciens discourir dans sa classe.

À seize ans tout juste, l'élève Macron n'ignore rien de la situation : la fille de sa prof, Laurence, qui joue à ses côtés, le mari, la famille, la réputation d'une mère, d'une enseignante prisée et respectée dans cet établissement sélect et catholique. Tout joue contre eux. Mais rien ne semble l'effrayer. Malgré son allure quelque peu romantique, ses cheveux blonds, longs, si peu domptés, Emmanuel Macron, en réalité, n'est pas un adolescent vraiment tourmenté. Pas de ceux qui se désolent, lovés dans cette noire mélancolie qui confine parfois à cet âge à la posture nihiliste. C'est un conquérant dont le regard bleu voit grand et loin. Un rien exalté, peut-être.

Au lycée, ça commence à jaser. « On entendait pas mal de rumeurs sur eux, mais beaucoup d'entre nous s'en désintéressaient, se souvient un congénère de l'époque. Nous ne songions qu'à draguer les filles. Et puis, il ne s'agissait que de bruits de couloir. » Avec une sémantique guère élégante, les filles, surtout, s'en donnent parfois à cœur joie, comme on peut le faire à cet âge-là. « Il paraît qu'Emmanuel se tape la mère Auzière », murmurent-elles parfois aux intercours…

On rapporte qu'on les a vus ici et là ensemble dans la ville picarde. Flânant dans ces célèbres hortillonnages, le long des canaux. Mais, au club théâtre, alors qu'une relative proximité se fait de plus en plus palpable, les copains de classe de première ne se risquent pas à l'interroger. « Avec Emmanuel, on ne parlait jamais de ça, de nos histoires d'amour, raconte Renaud, qui a fait la connaissance de son camarade à la Providence, dès la sixième. On ne peut pas dire que c'était tabou, mais ces sujets-là ne s'inscrivaient pas dans notre relation, assez superficielle. On vivait une amitié un peu décalée. » En quatrième, puis en troisième, avant même que Brigitte ne croise ainsi le talent sur scène de l'adolescent Macron, les deux camarades jouaient déjà ensemble dans *Jacques et son maître*, adapté de l'œuvre de Diderot *Jacques le fataliste et son maître*. Ils choisissent alors eux-mêmes cette pièce en trois actes de Milan Kundera. Le collégien Macron, qui a donc déjà foulé les planches, s'est même fait recaler, « assez vexé », du casting de *Topaze*, avant d'incarner cet épouvantail.

Les uns et les autres, à écouter Renaud, évitaient en tout cas de s'interroger devant lui sur ces bruits de moins en moins sourds.

Lui-même semble gêné encore aujourd'hui d'en dire davantage. Pudique, sans doute, et par respect aussi pour cet ancien copain. Il allait épisodiquement chez lui, écouter du Brel, ou rigoler des sketchs des Guignols, dans cette chambre encore baignée d'enfance, avec ces motifs de « Peter Rabbit » sur les murs. Emmanuel aime alors vraiment pour la première fois. Il a bien eu un flirt auparavant mais, fasciné par cette prof, par son allant, il finit par la convoiter âprement.

Personne à la Providence ne surprend en réalité la preuve tangible de cette douce folie, sûrement platonique encore, si l'on en croit son épouse. « Les choses se sont cristallisées progressivement », confirme aussi une connaissance au long cours du candidat. Un comparse d'Emmanuel semble un peu moins convaincu : « Il vous donne l'impression d'être quelqu'un qui refrène ses envies ? » feint-il ainsi d'interroger.

Contrairement au vers rimbaldien, Emmanuel est parfaitement sérieux lorsqu'il ose déshabiller son cœur auprès de son enseignante. Il n'a pas même encore dix-sept ans.
L'optimiste amoureux a enfin dit ce qui le taraudait, tombant le masque. « Il a vu très vite. Il a vu qu'on avait de la chance », dit-elle aujourd'hui élégamment.
Comme le garçon est de grand talent, autant l'envoyer là où il épanouira mieux encore ce potentiel. L'éloigner de cette situation intenable, bien trop sulfureuse pour les parents d'Emmanuel aussi. Brigitte Auzière songe à Henri-IV ou Louis-le-Grand, qui se partagent l'excellence parisienne, sinon française.

Ce sera Henri-IV. Les parents Macron n'auraient, d'après l'épouse du candidat, imposé aucun exil à leur fils aîné. « Nous ne l'avons pas mis dehors, s'agace au téléphone le père d'Emmanuel, visiblement fatigué de lire dans la presse ces accusations. Nous avions prévu depuis longtemps que son frère et lui partiraient faire leurs études à Paris », ajoute-t-il, soucieux de pouvoir dire sa vérité.

Toutefois, M. et Mme Macron imaginent, nul doute, que cela pourra circonscrire cette encombrante passion. Qui ne peut cadrer avec la norme d'une respectable bourgeoisie provinciale... ou parisienne, d'ailleurs.

Emmanuel qui achève sa première, ne veut pas en entendre parler. Avant de céder. Une perte, mais, nul doute, un soulagement aussi pour la femme mariée, la mère de famille, comme perdue dans ce guêpier sentimental. Qui, déjà, met à mal son équilibre familial. « C'était évident qu'il fallait qu'il parte, pour lui, pour moi », relate-t-elle.

L'élève, du haut de ses seize ans et demi, ne remise cependant rien de son insolente audace devant la femme de quarante ans. « Vous ne vous débarrasserez pas de moi, je reviendrai et je vous épouserai ! » lui lance-t-il, alors qu'il se prépare, malgré lui, à investir la capitale pour son année de terminale. Il tiendra parole. Et, petit à petit, vainc les résistances de son enseignante « de manière incroyable, avec patience ».

Amiens-Paris

Cent cinquante kilomètres de trop. La distance, raisonnable, devient vite insurmontable. À la rentrée 1994-1995, nul téléphone portable encore. Nulle possibilité de conjurer l'absence, de disserter sur ses sentiments par de longs échanges SMS. Mais ils trouvent la seule parade. Des heures et des heures d'appels le matin, le soir. Lui, surtout, appelle.
Emmanuel vit mal son déracinement. Maintient au bout du fil ce lien qu'il ne peut, ne veut défaire.

Comme si de rien n'était ou presque, Brigitte Auzière poursuit sa vie à la Providence, arpentant ces longs couloirs un peu tristes, quoique égayés par des murs saumon ou vert anis. S'affichant toujours aussi solaire avec ses collègues dans une salle des profs si grise et guère emballante avec ses quelques fauteuils Ikea pour tout confort. Il y a ce coup de fil anonyme qui sème le trouble à la Providence.

Il aurait pourtant pu menacer cette vie officielle. Mais personne ne se risque à la questionner, à l'affronter. « Des gens au lycée voulaient m'en parler, mais n'ont pas osé. Ils m'ont dit bien après que je les intimidais », avance Mme Macron. Elle rappelle aussi, à sa manière, sans l'ombre d'une aigreur ou d'une colère, qu'ils ont bien fait. Elle aurait tout simplement « fermé la porte ».

« Le fait d'être une excellente enseignante, très respectée des parents, c'est ce qui l'a le plus aidée ; il faut voir le sacré barouf à la Providence, glisse aujourd'hui un observateur local. Cela posait pour beaucoup une vraie question de déontologie. »

Pour l'ex-camarade Renaud, aujourd'hui enseignant du secondaire en région parisienne, l'affaire, équivoque, n'a pas connu le sort qu'on aurait pu imaginer, *a fortiori* dans un établissement privé religieux.

« Dans n'importe quel lycée de France et de Navarre, ce genre d'histoires, c'est le ciel qui vous tombe sur la tête, c'est tout simplement inconcevable ! »

Passé l'effet de sidération dans l'établissement amiénois, Emmanuel n'étant plus là, tout semble être vite occulté.

Sans doute parce qu'une singularité ne les plaçait pas, semble-t-il, au rang de leurs pairs. Bizarrement, le scandale, s'il en est un, semble avoir été en partie étouffé. Comme savent si bien le faire aussi ces établissements dont la réputation ne tolère aucune faillibilité.

Beaucoup s'en sont en tout cas réjouis... Renaud, lui, était heureux de retrouver en terminale son enseignante pour la troisième année consécutive.

Les faits sont éloquents. Point de disgrâce, ni d'exfiltration de Mme Auzière. Elle continue de quitter chaque matin le domicile conjugal pour le boulevard Saint-Quentin. Lieu décidément « providentiel ».

L'« affaire », qui, selon sa protagoniste féminine, n'en n'est pas une, se retrouve ainsi dépaysée. Comme un dossier judiciaire le serait... Emmanuel Macron entame sa terminale scientifique loin des siens, loin de Brigitte.

Au très élitiste lycée Henri-IV, face aux « grands hommes », place du Panthéon. Tel un Rastignac échappé de son cocon amiénois, il découvre la rudesse de la capitale, ses codes inconnus qu'il éprouve tout à la fois anxieux et grisé par l'horizon intellectuel, social que lui offre cette migration parisienne. Il vit, rive gauche, dans une chambre de bonne si rudimentaire que le futur banquier de

Rothschild se retrouve à poser sa serviette dans les bains douches municipaux...

Ses débuts en hypokhâgne sont éprouvants. Il se frotte pour la première fois à plus fort que lui. Aussi souffre-t-il tant de l'absence de cette femme qu'il aime. Elle, doit veiller coûte que coûte sur sa famille, sur ses enfants surtout, bien sûr perturbés par l'« information », distillée avec parcimonie.

L'aîné, Sébastien, poursuit ses études supérieures d'ingénieur (il se spécialisera dans les statistiques). Laurence, dix-sept ans, comme Emmanuel, choisit une terminale scientifique, souhaitant embrasser la médecine. Mais peu à peu, rien ne va plus chez les Auzière. Dans leur repaire amiénois, la tension monte. Elle s'est pourtant si souvent flagellée, s'évertuant à repousser l'évidence. Et de confesser sans mal, assise aujourd'hui dans le bureau de son actuel mari, combien cela lui était impossible. Arrêtée, d'emblée, par l'âge d'Emmanuel, le même que ses aînés.

La petite dernière, Tiphaine, n'a pas douze ans lorsque Brigitte et André-Louis sont confrontés à cette épreuve intime. Combien de fois pourtant la prof n'a-t-elle pas pris de son temps personnel pour accueillir chez elle des élèves angoissés par l'épreuve du bac français ou pour un texte incompris ? Son mari accueillait les élèves de sa femme chez lui avec bonhomie, et n'avait pas l'air d'être ennuyé de les voir débarquer ainsi, se souviennent les anciens.

Certains n'hésitant pas, du coup, à toquer à leur porte, les bras chargés de fleurs ou de champagne pour remercier cette enseignante qui dédiait tant et tant d'heures au succès de ses protégés.

Dans le clan Trogneux, on s'étrangle. « Cela a été un vrai choc pour sa famille », livre une figure du Touquet, qui a bien connu la fratrie, installée de longue date dans la station prisée du Pas-de-Calais.

Un journaliste du *Courrier picard*, à Amiens, de renchérir : « Dans la famille Trogneux, ce fut un pur scandale. La famille a vécu des tensions énormes quand elle a plaqué son mari. » Elle, raconte les choses, vingt ans plus tard, avec une pudeur tout euphémistique : « Mes frères et mes sœurs ont essayé de tenir le rôle que mes parents, n'étant pas là, n'ont pas tenu. »

Lorsque sa relation avec Emmanuel se précise, les époux Trogneux sont déjà très affaiblis. La mère de Brigitte l'aperçoit deux, trois fois.

Brigitte et Emmanuel ne lâchent rien. Lui intègre une hypokhâgne B/L (avec économie en prime !), à Henri-IV toujours.

Le garçon que certains décriront plus tard si « charismatique », à l'instar d'un responsable de stage lors de ses années à l'ENA, est en réalité un solitaire. Certes, il a bien sûr quelques amis de « la Pro », qu'il continuera à fréquenter de temps à autre pendant son année de terminale lorsqu'il rentre les week-ends à Amiens. Mais le jeune homme surdoué ne fédère guère dans son sillage. D'aucuns évoquent un camarade déjà assez seul lorsqu'il était lycéen. « Il n'avait pas beaucoup d'amis, était assez peu socialisé. En même temps, il devait en réalité sans doute s'ennuyer avec des petits gars comme nous », analyse un condisciple d'alors.

Même sentiment, même jugement quelques années plus tard. À cet âge-là pourtant, la personnalité se sculpte plus finement. Le jeune homme semble toujours un peu ailleurs, « avec si peu d'amis très proches dans sa classe ». Ni mépris, ni dédain pour autrui cependant. Il y en a un, pourtant, avec qui le courant passe vraiment. Comme Emmanuel, lui aussi se fait remarquer par sa singularité. Un caractère un brin rugueux, une insolence souvent prompte à déborder. Elle le fit même renvoyer auparavant du prestigieux collège Stanislas.

Brice se prend d'affection pour Macron. Lui qui a fait une terminale ES donne au néophyte en la matière quelques petites leçons d'économie. Emmanuel détonne en littérature. Époustouflant d'aisance. « Il avait une culture en histoire et en lettres phénoménale », confie, le regard encore fasciné, son ami Brice, heureux d'évoquer pour la première fois publiquement cette relation, fût-il politiquement enclin à une vision très droitière, bien loin de la doxa « macronienne ».

Une enseignante de lettres, elle aussi, impressionnée par Emmanuel, lui demande même de préparer un exposé sur René Char – l'auteur figure au panthéon du politique. Juste pour l'entendre disserter avec une faconde remarquable, alors que les autres ne sont pas même assujettis à un tel exposé. « Elle avait un petit faible pour lui », note, amusé, son meilleur ami d'alors. La « répétition » s'arrêtera là.

Brigitte Auzière, encore arrimée à sa vie conjugale à Amiens, s'échappe dès que possible, en semaine parfois, quand Emmanuel reprend, lui, chaque vendredi soir ou presque son train pour Amiens. Nombre d'anciens élèves de l'enseignante, qui ont eux aussi rejoint la capitale, les croisent. Sur un quai de gare ou dans un wagon de TER.

L'un d'eux rencontre par hasard le jeune couple à la braderie de Lille. Malaise pour cet ancien élève, à vrai dire guère choqué, mais qui s'inquiète davantage de les gêner. « Mme Auzière » prend les devants, le saluant chaleureusement. Ne pas fuir les regards, ne rien dire non plus.

À Paris, les deux amants s'offrent parfois un déjeuner ou un dîner au Procope, célèbre institution près de l'Odéon. Loin de cette province qui souvent épie, et jalouse parfois. Et où, selon l'adage, tout se sait.

À deux pas de la prison de la Santé, aujourd'hui fermée, Emmanuel vit dans un appartement haussmannien, au rez-de-chaussée. Nettement plus grand et plus cossu que sa modeste chambre de bonne. Mais le logement, aux volets souvent clos, n'est pas si cosy.

Au-delà de cet écartèlement avec leurs proches, le couple peut vivre ici quelques échappées heureuses, lorsque le frère d'Emmanuel, Laurent, inscrit en médecine à Paris, s'en absente. Éprouver enfin sans crainte cet amour « clandestin » – épithète choisie par le candidat à l'Élysée lorsqu'il évoque les prémices de leur passion.

L'étudiant ne se livre pas aisément, puisqu'il ne se lie pas facilement. En profondeur, tout du moins. De sa compagne, il ne parle pas. Certains supputent deux, trois choses, l'accusent, amusés, d'être un peu « mytho ».

Lui se plaît surtout à séduire les « grands », ses professeurs. Son sens de la rhétorique, ses qualités littéraires font mouche. « Il avait quelque chose d'exceptionnel, était extrêmement à l'aise à l'oral. Puis les mois ont passé. On avait pas mal de dissertations à rendre ; les notes sont arrivées, et là, on s'est aperçus qu'il n'était pas si bon. Peut-être n'aimait-il pas approfondir un sujet dans ses aspects les plus pointus, les plus techniques ? » nuance toutefois Jean-Baptiste de Froment, élu Républicain dans le IXe arrondissement de Paris.

Et l'ancien conseiller sarkozyste de pointer même « le léger dilettantisme » d'un Macron devenu entre-temps opposant politique en quelque sorte. Emmanuel et lui ont ensuite partagé l'année de khâgne.

Même très admiratif, Brice semble davantage « impressionné par l'intelligence de Sébastien Veil ». Ironie de l'histoire, le petit-fils de Simone Veil qui intégrera bien plus tard les troupes de Nicolas Sarkozy « marche » désormais pour la victoire élyséenne de l'ex-camarade Macron. Et conseille l'ancien condisciple de prépa.

Pascaline Dupas partage aussi leurs bancs. Cette jeune pousse brillante de l'économie sera plus tard couronnée pour son talent.

Avec son éternelle veste noire, sa chemise blanche largement ouverte, Emmanuel Macron promène une dégaine vaguement dandy. Laisse entrevoir ici et là quelque autre vie, énigmatique, loin du lycée. « Il passait plus de temps avec les garçons qu'avec les filles, ne donnant pas le sentiment de s'intéresser à elles. Et n'a eu alors aucun flirt, aucune aventure », assure, en outre, sans sourciller Jean-Baptiste de Froment. Mais, à dix-huit, dix-neuf ans, on ne dénude pas son âme au premier venu, surtout lorsqu'on fréquente une femme de vingt-quatre ans son aînée.

Pourtant, il s'épanche sans fard auprès de Brice, lui donne même sa confiance. « J'avais l'impression d'être face à un adulte qui n'avait pas connu d'adolescence », décrypte-t-il. À lui seul sans doute, unique ami intime de l'époque, Emmanuel raconte plus amplement cet amour. Simplement, sans emphase. Et se risque même à lui en présenter l'objet.

L'ami et l'amante font connaissance autour d'une moules-frites chez Léon de Bruxelles, à Paris. Emmanuel est à l'aise. « J'ai senti qu'elle était plus importante que tout le reste », confie Brice. « Il y avait beaucoup de respect, de l'admiration aussi dans le regard qu'il lui portait. »

Jamais, semble-t-il, Emmanuel Macron ne s'épanche sur la difficulté, les tourments forcément inhérents à cette liaison. Le regard social sur toute relation atypique, peut-être encore plus prégnant il y a vingt ans, ne semble ni l'atteindre ni le gêner. En tout cas, il fait silence sur tout cela, comme sur une future paternité, que, sans doute, il imagine déjà compliquée, sinon compromise. N'entend-il pas dès sa fin de première épouser « Mme Auzière » ?

Il parle très peu des siens, les parents, le frère, la sœur… mais déjà, semble avoir fait sienne la famille de Brigitte. Il évoque librement ses filles, Laurence et Tiphaine. Confiant. Suffisamment même pour faire lire à cet ami son manuscrit, celui d'un roman picaresque dans l'Amérique précolombienne.

Le jeune Macron est fier de ce travail, sa première œuvre littéraire ô combien ambitieuse. « Entre 150 et 200 pages », se souvient Brice, époustouflé par « l'extrême maîtrise de la langue ». « Il y avait des passages terribles, des scènes de sacrifices humains ; tout était raconté avec un luxe de détails saisissant. »

En hypokhâgne, le travail annexe tout. Pour gagner quelques sous, à ses rares heures perdues, il délivre ses connaissances latines au fils collégien de l'historien Max Gallo.

Les moments de détente sont presque inexistants. Les deux étudiants boivent, certes, de temps à autre, quelques verres à Cardinal-Lemoine, à Maubert-Mutualité – quand ils n'écoutent pas à l'occasion dans l'appartement parisien d'Emmanuel les disques de son cher Léo Ferré.

Brice ne s'évertue pas à convertir à la techno ou même à la culture pop celui qui, jeune ado, avait réclamé l'intégrale de Jacques Brel pour Noël… Mais rêverait bien de poursuivre le week-end ces échanges nourris avec ce copain « sûr de lui sans être arrogant » et « si mature », avec lequel il rigole beaucoup aussi, vannant les uns et les autres – Emmanuel imite si bien leur prof d'éco, comme il moquait déjà ses tuteurs à « la Pro ». Il ne parle alors quasiment jamais de politique.

Chaque vendredi après-midi, le jeune Amiénois s'échappe, sitôt les cours achevés, pour attraper son train, rattraper ce temps qui file sans celle qu'il aime. Comme deux vies quasi cloisonnées.

Grâce à sa mention « Très bien » au bac, Brice, la forte tête – au propre comme au figuré –, l'artiste aussi, doué pour la guitare et la danse contemporaine, rejoint Sciences Po après son hypokhâgne et perd de vue Macron qu'il recroisera plus tard, quand lui poursuivra à son tour ses études rue Saint-Guillaume, siège de l'institution. Là même où il croisera Benjamin Griveaux, aujourd'hui porte-parole d'En Marche !. Là où la future chargée de communication du ministre, Anne Descamps, aura pour enseignant un certain Gaspard Gantzer, camarade de l'ENA d'Emmanuel... et futur homme-orchestre de la com hollandaise à l'Élysée.

Un tout petit monde. Comme l'ausculterait avec malice et ironie l'écrivain britannique David Lodge.

Emmanuel, lui, poursuit ainsi sa quête intellectuelle en khâgne, rêvant d'intégrer l'École normale supérieure. Il en a le talent, le niveau. Pourtant, il restera à quai. Une blessure, réelle, pour le fort en thème à qui jusque-là tout réussit. Par deux fois, il échouera.

Son professeur d'anglais à Henri-IV, Christian Monjou, qui nouera plus tard un lien particulier avec « l'une des personnalités les plus fortes de sa génération », ne s'y attendait guère. Emmanuel non plus. Il s'en prendra souvent à cette « glorieuse incertitude des concours », reprenant dans sa bouche l'expression de ce « maître » de prépa. Comme pour mieux admettre l'échec. Certes relatif, puisqu'une dizaine de places s'offre dans toute la France dans sa section d'admission. Même si la prestigieuse maison fournit l'essentiel des lauréats.

En creux, l'enseignant émérite, heureux d'échanger chez lui au milieu d'innombrables livres d'art, pointe autre chose : « Henri-IV, ce n'était pas là où se jouait l'essentiel pour lui, l'essentiel était ailleurs. « Pendant cette période, il a dû être soumis à des tensions personnelles fortes. » Et de rappeler ce qu'il présente, de son point de vue, comme l'évidence : « Son père l'avait mis là aussi pour l'éloigner de cette femme. »

Froment, qui a intégré « Normale », insiste, objectivement, sur cette absolue nécessité lorsqu'on prépare un tel concours de n'être rivé qu'à cela, « concentré sur ce seul objectif », de ne « pas avoir d'autre vie ». Emmanuel, d'une certaine façon, était déjà comme trop vieux, « trop adulte » pour coller à cette obsession scolaire-là. Sûrement un peu présomptueux, aussi. Ce rival d'antan, certes, n'a pas oublié la propension de Macron à enrober les choses quand il ne savait pas. À duper parfois gentiment son monde.

Devant les caméras d'*Envoyé spécial* sur France 2, il le gratifiait même d'un joli surnom : « Pipoteur de génie ». Des socialistes qui fraient avec le candidat n'ignorent rien non plus de ses petits mensonges parfois si utiles lorsqu'il s'agit pour lui d'esquiver une question ou un conflit.

Le khâgneux blessé panse ses plaies à Nanterre, à Sciences Po. De fil en aiguille, ses études à Paris-X au département de philo lui offrent l'une des rencontres phares de sa vie. Paul Ricœur. Il assiste alors à domicile, des semaines durant, l'immense philosophe dans la mise en forme de son œuvre. Une publicité autour de ce duo fait aujourd'hui grincer quelques hiérarques de la fac. L'éminent Étienne Balibar, très marqué à gauche, allant même jusqu'à parler de « mise en scène », « absolument obscène », de cette formation philosophique dans les colonnes du *Monde*. D'autres encore, ceux des années prépa, aiment à minimiser ses talents philosophiques. À les entendre, l'obtention d'un DEA ne suffit pas à faire de lui un penseur stupéfiant.

Alain Finkielkraut, qui a eu le loisir de partager la table du candidat, a peu goûté les outrances de M. Balibar, aux antipodes de ses options politiques.
« J'ai trouvé Emmanuel Macron intelligent, franc et très à l'écoute, mais ce n'est pas non plus l'intellectuel du siècle ! » nuance cependant le philosophe, surpris par l'unanimité laudative autour du candidat.

Stoïque, Macron semble rarement bousculé, sinon atteint par les critiques. Lui aime tant à faire valoir, l'air de rien, l'étendue de son talent. Même s'il décrocha un prix de conservatoire adolescent, lui le pianiste ne joue plus vraiment. Guère le temps, c'est sûr.

À Bercy comme dans leur maison du Touquet, un piano fait pourtant partie des meubles. Auprès des journalistes, il n'a pas bataillé pour faire corriger ce passage à « Normale sup » qu'on lui prêtait parfois à tort dans les papiers. Au fond, lui se sait au niveau, à cette hauteur-là. Un petit arrangement biographique qui sans doute le venge d'une défaite ressentie comme une injustice. Cette malheureuse « incertitude des concours » sera vite réparée.

Après Sciences Po, l'ENA lui tend les bras. En 2004, il en sort « dans la botte ». Médaille de bronze sur le podium. Cette place en or lui permet d'intégrer l'inspection des finances... lui l'ex-spécialiste ès lettres.

Mais son rang de sortie fait quelques jaloux. Le futur conseiller de Nicolas Sarkozy Sébastien Proto aurait été surpris, voire marri d'une telle réussite. Il n'est pas le seul, quoique second au classement de sortie.

Après l'ENA, le jeune homme pressé vise large et prend rendez-vous avec tous ceux qui comptent. Telles ces trois anciennes figures de l'École et piliers de l'élite française, Henri de Castries, patron d'Axa, et Jean-Pierre Jouyet de l'inspection générale des finances. Ou encore Alain Minc, totalement ébloui. Il en a pourtant vu défiler, des visages de l'*intelligentsia* française.

Macron avance. Fort, aussi, de cette relation de plus en plus structurante avec Brigitte. Qui a fini par faire entendre l'impensable auprès de ses proches. Elle maintient sa vie à la Pro.
Entre les mois à Strasbourg pour ses études à l'ENA, le stage à l'ambassade de France au Nigeria, les agendas personnels ne se superposent pas toujours. Mais le lien, lui, se renforce. Leurs amours clandestines le sont de moins en moins.
Avec son nouvel ami croisé à Sciences Po, Marc Ferracci, comme avec d'autres, il s'affiche davantage aux côtés de cette femme qui a l'âge de sa mère. Dans la famille Macron, à Amiens, les liens ne se renforcent pas ; ils se fissurent même sérieusement. Les parents connaissent des tensions alors que leur fils aîné, étudiant, traverse ses premières saisons parisiennes. Il a beau n'avoir qu'un rapport un rien distant, cérébral surtout, avec son père, Emmanuel vit en si peu de temps bien des tumultes, côté privé.

Alors que la rupture du couple Noguès-Macron est consommée, il songe à la reconnaissance par la société de son couple à lui. Ce couple « pas tout à fait normal », comme il dit.

Les conquérants

La nef de la cathédrale dijonnaise rassemble, en cette fin septembre 2006, tout ce que Paris compte de beaux partis et de grands commis.
Le petit-fils de Simone Veil, Sébastien, se marie. Le ciel, automnal, menace et beaucoup ont remisé leurs tenues estivales.
La fête se poursuit en terre bourguignonne, dans le majestueux château du clos Vougeot, ancienne abbaye cistercienne au milieu des vignes.

La mécanique intellectuelle de Sébastien Veil, cette célérité à comprendre, à intégrer, a toujours époustouflé ses pairs. Il était le meilleur d'entre eux... si ce n'est ce soupçon de froideur qui désarmait quelques « anciens ».

Les camarades des années littéraires, à Henri-IV, ceux des bancs de l'ENA, à Strasbourg, tous sont venus entourer ce jeune homme presque parfait.

David Martinon, promis alors à une carrière sarkozyste, Mathias Vicherat, futur bras droit d'Anne Hidalgo, le normalien Jean-Baptiste de Froment, futur conseiller élyséen, ou enfin Marguerite Bérard, major de la promo de Macron à l'ENA. Tant d'autres talents encore... Emmanuel, lui, n'est pas un intime du marié. Le haut fonctionnaire est toutefois convié pour célébrer les noces de l'énarque Sébastien Veil avec l'énarque Sibyle Petitjean.

Une invitée, ce soir-là, intrigue, étonne la petite bande des « *beautiful people* », comme on les surnommait au sein de la fameuse École.

Vite, on remarque celle qui s'est choisi une tenue... blanche. Et très courte. Ces hommes jeunes, un rien snobs, rigolent un peu en douce, et se demandent qui est « cette quinqua pas super distinguée au bras d'Emmanuel ». « Elle avait un petit côté cagole », moque encore aujourd'hui un ex-condisciple de Macron.

Sans doute n'avait-elle pas à leurs yeux le profil de ces jeunes filles de rallyes de leurs années lycée BCBG...

Cette femme plus âgée qu'Emmanuel couve du regard, qui est-elle vraiment ? Bien sûr, certains savaient déjà quelques bribes de cette vie sentimentale. Rien de plus. Là, ils découvrent. Et la scrutent enfin, cette « petite amie » pas tout à fait comme les autres.

Il en faut parfois peu pour décontenancer une jeunesse dorée décidément aussi corsetée que ses aînés...

Cette fois, ce sera le leur. Un an plus tard, seulement.

Le mariage est un peu moins fastueux, mais tout aussi heureux.

Les amants ont pris leur temps. Les parents de Brigitte ne sont alors plus de ce monde. C'est Emmanuel surtout qui insiste, lorsqu'on écoute Brigitte Macron. « Il disait : on va faire taire les gens. »

Après les années compliquées, il veut inscrire son couple dans la loi républicaine. Il leur a fallu tant de patience, de détermination pour convoler en justes noces. Régler d'abord ce divorce du couple Auzière qui s'éternise. Près de quinze ans se sont déjà écoulés entre la première rencontre de l'élève Macron sur cette scène de la Providence et sa professeure...

Le mariage apparaît *in fine* comme « la consécration officielle d'un amour d'abord clandestin, souvent caché, incompris de beaucoup avant de s'imposer à eux », écrit le prétendant à l'Élysée dans son livre *Révolution*[1].

La voie légale pour clore les années officieuses, la voie de la reconnaissance. Le mariage est prévu dans leur fief, au Touquet-Paris-Plage – la station balnéaire des riches Amiénois. Ici même où trente-trois ans plus tôt la benjamine des Trogneux unissait son destin à son premier mari. Elle avait tout juste vingt ans.

C'est une nouvelle victoire contre l'ordre établi, ces conventions qui trop souvent brident les sentiments.

Le jeune Macron s'est opposé sans relâche à cet « ordre des choses qui, dès la première seconde, [les] condamnait ».

L'Église ne badinant pas avec les sacrements, la belle cathédrale d'Amiens, qui figure au patrimoine de l'Unesco, ne peut célébrer l'union du couple. Brigitte ayant déjà reçu la bénédiction de Dieu. Un pincement au cœur à n'en pas douter pour la future mariée que la religion catholique n'indiffère pas.

Léonce Deprez, la figure politique du Touquet – villégiature prisée des Trogneux –, invite les fiancés au restaurant de l'Assemblée nationale.

---

1. Emmanuel Macron, *Révolution*, XO, 2016.

L'édile qui a fait des « dizaines de matchs de tennis en double avec le père de Brigitte » connaît bien la famille de chocolatiers. Beaucoup moins leur benjamine.

Ils échangent alors sur les détails de la future cérémonie en mairie. En les recevant, Léonce Deprez constate d'emblée « à quel point lui était bien sûr plus jeune qu'elle ». Mais perçoit très vite ce qui les lie : « J'ai saisi l'intelligence de cette femme. J'ai senti qu'elle avait, comme lui, le don de la séduction, et la séduction n'a pas d'âge... », confie-t-il, l'œil vif, à l'aube de ses quatre-vingt-dix printemps, dans sa maison nichée dans la forêt du Touquet. Comme Emmanuel, lui aussi a connu « la Pro », la rigueur des Jésuites un demi-siècle plus tôt.

Le futur couple Macron veut que tout soit parfait pour cette fête qui dira la force de leur amour face aux derniers sceptiques. Car Emmanuel n'a pas même trente ans. Brigitte en a cinquante-quatre.

« Je m'étais demandé quelle serait l'atmosphère après cette période parfois compliquée, mais c'était serein, apaisé », souligne aujourd'hui son ami, l'économiste Marc Ferracci.

À sa manière, il n'a pas manqué de détendre l'ambiance, chambrant son camarade d'études.

Dans son discours face aux convives, il convoque sa première impression – capillaire ! – de Macron. Un « étudiant tchèque en échange universitaire qui n'a pas vu un coiffeur depuis des décennies ».

En ce 20 octobre 2007, Brigitte – qui a fait onduler quelques mèches, choisit l'amour et sa légèreté.
La robe blanche est sans manches. Singulièrement courte aussi. Lui a opté pour une cravate rose. Et savoure l'instant de grâce, après tant de turbulences de part et d'autre. Côté Macron, côté Trogneux.

Combien de fois le frère aîné de Brigitte, Jean-Claude, alors à la tête de la boutique familiale, a-t-il sermonné sa sœur contre ce désordre amoureux ? « Gentiment », dit aujourd'hui l'épouse. Ce frère de vingt-deux ans son aîné, qui tint alors peu ou prou le rôle de père.
Jean, le papa de Brigitte, s'est souvent senti blessé qu'on le prenne pour le grand-père de sa petite dernière. Ainsi, Mme Macron éprouve déjà ces écarts générationnels avant d'aimer un homme que vingt-quatre années séparent d'elle. Sa sœur Monique, aussi, lui fait la morale. Des aînés qui pensent bien faire, pas « castrateurs non plus ». « Ils ont essayé de me dire que ce n'était pas possible, Mais ils n'y sont pas arrivés ! » confesse-t-elle.

Avec cette même malice d'« adolescente », elle lance, encore : « Quand vous rencontrez Macron. Si vous n'y allez pas, *it's a shame* ! »

    Combien de fois, selon le périodique *Pop Story*, son bien-aimé ne s'est-il pas sauvé de la maison du clan alors qu'il profitait de quelques instants de bonheur volés aux côtés de sa compagne ? La famille de Brigitte a longtemps tenté, sans aucune cesse, de la faire renoncer à cette nouvelle vie.
    En jeu, la réputation d'une famille de notables amiénois, où laisser tomber un mari pour épouser un si jeune homme lorsqu'on est mère de trois enfants, enseignante à la Providence de surcroît, ne se fait pas. Ne se conçoit même pas.

    Lorsque, cinq ans après le mariage, Macron prend ses quartiers au secrétariat général de l'Élysée, Jean-Claude Trogneux, le patriarche du clan – depuis que Jean s'en est allé –, évoque sans fard l'incroyable histoire à l'oreille d'une plume locale. Il se doute que le récit de la prof et de l'élève mineur va vite faire les choux gras d'une presse qui en redemandera.
    Celui qui gère désormais le *business*, Jean-Alexandre, son fils, n'y va pas non plus par quatre chemins. Avec son côté baroudeur et sa tchatche sans chichis, il est là pour cadrer la presse locale

avant que les gazettes nationales ne s'en mêlent. Et se fait porte-parole du couple Macron, exigeant instamment « de fermer les écoutilles sur les affaires de famille ». Surtout, ne pas rallumer l'incendie, et protéger aussi bien que possible les Trogneux, dont les affaires, prospères, ne doivent pas pâtir d'un tel déballage.

Tout cela, toutes ces bisbilles des années passées sont comme oubliées, ou presque, devant la foule, joyeuse.

Dans cet imposant hôtel de ville coiffé d'un beffroi, il a fallu « ouvrir la salle d'honneur, le salon des mariages était trop petit pour accueillir tous les invités », se souvient l'ancien maire.

Le soir, ils se presseront dans les très chics salons du Westminster – l'hôtel de luxe mythique du Touquet, où s'affichent tant de portraits paraphés. Marlene Dietrich, Maurice Ravel, le roi Farouk d'Égypte, de Gaulle… ou encore Line Renaud qui nouera plus tard une amitié avec les mariés.

Au rez-de-chaussée, la fête bat son plein. Parmi les invités de marque, l'ancien Premier ministre Michel Rocard venu avec son ami, mentor et futur mécène d'Emmanuel, Henry Hermand. Le marié l'a choisi comme témoin, ainsi que Marc Ferracci. Cinquante années séparent ces deux hommes, à l'image de cette alliance qui unit deux générations différentes.

S'il sait combien ce mariage lui-même relève encore du miracle, l'amoureux de quinze ans n'a jamais abdiqué, portant coûte que coûte cet amour obstiné.

Ce soir-là, il se remémore encore cette folle promesse lancée à son enseignante alors qu'il quittait Amiens pour sa terminale dans la capitale : « Vous ne vous débarrasserez pas de moi comme ça, je reviendrai et je vous épouserai. »

C'est désormais chose faite. Face aux convives, avant que ceux-là ne dévorent la pièce montée, il prend la parole. Sûr de lui, précis, malgré cette émotivité forte que tous ses proches lui connaissent. Sa mère, Françoise, « une femme très gaie », dit aujourd'hui sa belle-fille, est là bien sûr. Comme le père « peu expansif mais aimant, qui a toujours eu avec lui une relation "épisodique" », note l'entourage d'Emmanuel.

Après Laurent, spécialisé en radiologie du cœur, et Estelle, néphrologue, les cadets du marié, la famille s'est agrandie. Séparé de son épouse, Jean-Michel Macron est alors papa d'un quatrième enfant, Gabriel, demi-frère d'Emmanuel, donc, et aujourd'hui adolescent.

En ce jour béni pour l'inspecteur des finances, les enfants de sa femme, Sébastien, Laurence, l'ex-camarade de lycée, et Tiphaine, vingt-trois ans, sont là tout près, attentifs. « Je voudrais remercier les enfants de Brigitte, grâce à eux, ça a eu la force d'une évidence. Je voudrais vous remercier de nous avoir acceptés, de nous avoir aimés comme nous étions », déclare-t-il alors face à l'assemblée, avec cette solennité qu'il se plaît parfois à incarner.

Et de justifier aussi ce choix intime, comme s'il en portait la seule responsabilité. Sans fard, il évoque cette alliance, « quelque chose de pas tout à fait commun, un couple pas tout à fait normal même si je n'aime pas cet adjectif, mais un couple qui existe ». Un couple qui fait oublier cette différence d'âge par une complicité, une osmose tangibles.

« Toute cette écume dans la presse sur leur écart d'âge nous a surpris ; c'est une évidence ici, un non-sujet », confie cette conseillère politique municipale et relation du couple invitée « à ce beau mariage très sympathique ».

Elle regarde ces deux jeunes premiers esquisser une tendre valse sur la moquette épaisse du Westminster. « Leur différence d'âge ne m'a jamais posé de problème tant leur entente est belle. Je connais peu de couples qui se sont trouvés comme eux et sont aussi heureux », confie pour sa part Tiphaine Auzière, la benjamine de Brigitte.

Longtemps, les choses sont restées un peu floues. Fin des années 1990, alors que les Auzière prennent leurs quartiers d'été dans la station de la Côte d'Opale, les copains de Laurence n'osent pas lui poser formellement la question. Sait-elle seulement, pensent-ils, que sa mère entretient une liaison avec ce garçon du même âge qu'elle ?

Toutes ces familles d'Amiens viennent de temps à autre passer une semaine estivale ou un week-end chez les uns et les autres. Les anciens de la Providence se mêlent aux Trogneux-Auzière. Tout se sait. Rien ne se dit vraiment. Sans que ce soit un tabou non plus.

Dans cette station qu'elle arpente depuis l'enfance, Brigitte s'est toujours montrée à l'aise. Les parents possèdent la belle Villa Monejan, à deux pas de l'hôtel Westminster.

Une « touquettoise » à plusieurs étages, avec briques et tuiles plates, que le couple rénovera à grands frais quelques années plus tard. Habillant ses murs de blanc, de lampes *design* immaculées aussi. On accusera le ministre d'avoir sous-évalué la propriété…

Il sera contraint *in fine* de régulariser avec le fisc et de payer l'ISF, taxe dont il entend d'ailleurs modifier les contours. En privé, devant les patrons, il est même allé jusqu'à dire son désir de la supprimer.

Depuis toujours, la petite dernière des Trogneux frappe les esprits par sa bonne humeur contagieuse, son goût de la fête et son parler vrai, souvent drôle. « Elle avait un petit côté olé-olé et tranchait par son style avec ses frères et sœurs », raconte une vieille connaissance. « Elle s'est toujours habillée assez mini, promenant ses grandes guiboles toutes minces, ne quittant jamais ses verres noirs », ajoute encore une résidente de la station.

Un petit côté midinette, peu farouche… qui lui fait raconter, la soixantaine entamée, son faible pour « la masculinité à l'état brut » d'un Clint Eastwood. « La scène du cimetière dans *Le Bon, la Brute et le Truand*, vous voyez ? » rigole-t-elle avec ce large sourire « Ultra brite ».

Au Touquet, comme à « la Pro » ou plus tard à Paris, à Saint-Louis-de-Gonzague – « Franklin » pour les initiés –, la future épouse Macron fait l'unanimité. Du moins chez ceux qui acceptent ici d'en dire un peu.

Depuis la célébrité de son mari, elle se fait bien sûr plus discrète, évite les lieux en vue du Touquet chic, comme la célèbre brasserie Flavio où un certain Serge Gainsbourg fit résonner ses premières mélodies ou encore le restaurant Pérard, connu pour sa goûteuse soupe de poisson. Mais elle a ses habitudes. S'offre une pause au salon de thé Ghesquière de la rue Saint-Jean, « la » rue commerçante de la ville. Ou un repas au convivial Ricochet, dont le patron a toujours un mot gentil.

Le Touquet, c'est son territoire. Fidèle à cette immense grève, où les familles du cru se retrouvent à la belle saison les unes contre les autres dans ces petites cabines multicolores qui, coulées dans le béton, n'ont pourtant pas le charme de celles de la côte picarde. Les petits-enfants viennent avec leur grand-mère s'amuser dans cette mer opalescente, jamais vraiment bleue.
Avec Emmanuel aussi, leur « grand-père » qu'ils surnomment « *Daddy* ». Comme un nouveau télescopage générationnel assumé.
Cette plage où les Trogneux firent un temps quasi « cabine à part » avec cette fille au choix de vie inconcevable.

.Avec ce mariage, tout ou presque est rentré dans l'ordre. Bien sûr, peu de Touquettois se risquent à évoquer les étés d'antan, le mari d'avant, comme si cette vie-là avait été inhumée par l'arrivée d'un ministre étincelant. Savamment simple aussi.

Saluant les uns et les autres, prenant des selfies sans chipoter, lorsqu'il ne fréquente pas le club de tennis ou chevauche son vélo tel n'importe quel vacancier pour ses balades en forêt. C'est ainsi qu'il est parti rencontrer Léonce Deprez l'an passé. Ce dernier tenait tant à lui présenter enfants et petits-enfants. À faire entendre au ministre l'expérience professionnelle de chacun.

Le Touquet reste le repaire préféré des Macron, quand ils ne s'offrent pas un week-end dans une capitale européenne. La maison, située dans la rue principale, est très exposée aux regards indiscrets. Mais c'est l'abri idéal pour respirer l'air iodé, loin des « miasmes », des « chicayas » de la politique, comme le répète à l'envi le candidat Macron.

Il leur permet de s'exiler le temps d'une promenade dans les dunes, main dans la main. Avec leur chien couleur crème Figaro, un dogue argentin aux faux airs de labrador.

Alors qu'Emmanuel, fin décembre, se laissait aller aux rythmes guadeloupéens, trinquant au ti-punch, pour son tour présidentiel aux Antilles, Brigitte préférait, elle, trouver quelque repos ici, avec Figaro. Et échanger avec leurs amis, le couple de pouvoir Brigitte Taittinger et Jean-Pierre Jouyet, ex-ministre sarkozyste et lieutenant élyséen du quinquennat Hollande.

Quand son agenda le lui permet encore, le couple Macron profite ici de sa grande famille. « On est passés de cinq, Emmanuel, les enfants et moi, à quinze en onze ans avec les petits-enfants », glisse presque fièrement Mme Macron, accompagnant son mari au meeting de Lille mi-janvier.

Emmanuel voit dès qu'il le peut, au Touquet comme ailleurs, cette famille qu'il a faite sienne. Il en est proche au point d'en parler tout le temps comme de sa propre descendance. Il dit « mes enfants », « mes petits-enfants ».

Manière de combler par la sémantique cette possession que ses gènes n'ont pu lui donner. Et faire honneur aux liens du cœur. Bien sûr, Brigitte et lui se sont posé la question d'un enfant, du leur, cette fois... Et y ont répondu, ensemble.

Tout attaché à sa liberté, à ses conquêtes intellectuelles et sociales, une paternité aurait pu constituer une forme d'aliénation, d'empêchement. De l'aveu de ses proches, il trouve déjà pleine satisfaction avec les petits (et grands) de Brigitte.

De quoi sans doute vivre à sa guise les bonheurs d'une filiation différente. Fidèle à sa fibre littéraire, il offre immanquablement des livres aux plus jeunes qui pestent gentiment de ne pas recevoir de jouets de leur « *Daddy* ».

Avant que son agenda politique ne s'accélère, ceux qui souhaitaient le voir les jours off s'entendaient répondre : « Ce week-end, je ne peux pas, on a les petits. »
« C'est quelqu'un qui aime prendre soin des siens, témoigne sa belle-fille Tiphaine Auzière. Il savait que la vie à laquelle il se destinait, même avant de se lancer en politique, était incompatible avec le fait de s'occuper d'enfants. »

Une connaissance de longue date se souvient de ce jour où Macron, pas encore admis dans le cénacle gouvernemental, prend un verre avec lui. Il lui présente un ami cher. Cet ex-camarade d'études vient d'avoir un bébé, et se plaint des premières nuits où le sommeil est si malmené. Le troisième homme attablé, ignorant tout de la vie sentimentale d'Emmanuel Macron, lui pose alors la question : « Et toi tu n'as pas encore d'enfants ? Tu veux en avoir ? »
Le futur ministre lui répond : « Non, je n'ai pas d'enfants, mais je suis déjà grand-père, un grand père heureux par procuration. »

Le candidat aime à parler « des familles », et non pas de la famille. Il se reconnaît dans ces tribus différentes, comme peuvent l'être les familles homoparentales notamment. N'a-t-il pas habilement clamé le soir de la victoire de François Fillon, lors de la primaire de droite : « Moi je suis pour les familles » ? Marquant aussi, par contraste avec le candidat républicain, son ancrage libéral du côté des mœurs.

Bien sûr, il est fier de la réussite professionnelle de ses parents, de cette famille d'intellectuels où tous – sauf lui – ont endossé la blouse blanche.
Mais toutes ses interviews, tous les récits de ses proches donnent le sentiment qu'il a trouvé avec Brigitte une deuxième famille.
Très tôt après leur rencontre, il comprend à quel point il lui faut s'arrimer à ce socle, essentiel pour son épouse. « Sa volonté de rassembler nos vies était la condition de notre bonheur », rappelle-t-il dans *Révolution*.

« Nous avons, tout au moins je l'espère, construit une autre famille. Un peu à part, certes différente. Mais où la force de ce qui nous lie est plus invincible encore. » La plus jeune fille de Brigitte Macron le confirme : « En tant qu'avocate, j'ai beaucoup travaillé sur le droit de la famille. J'ai vu les difficultés qui pouvaient être celles des familles recomposées, raconte-t-elle. Et je peux vous dire qu'ils ont fait les choses très intelligemment. »

Tiphaine Auzière rend hommage à ce beau-père qu'elle admire tant : « Il nous a pris avec elle, c'était un sacré challenge… Il était jeune ; ce n'était pas forcément évident. Il a été tout de suite très protecteur avec moi, m'a encouragée à passer le concours d'avocat. »

Aucune confusion des rôles à l'entendre évoquer en toute simplicité cette alliance Auzière-Macron : « À aucun moment on n'aurait pu avoir ce sentiment que ma mère avait quatre enfants, poursuit la benjamine du clan. Ils sont, elle et lui, les chefs de famille. J'ai, en plus, la chance d'avoir un père que j'aime, qui est un pilier de ma vie. Et un beau-père formidable donc ! »

Les tensions, un temps exacerbées par cet amour parfois incompris, avaient pu creuser quelque peu cette distance formelle avec les parents d'Emmanuel. À la belle saison, il n'y a pourtant pas si longtemps, Brigitte Macron a convié dans sa belle « touquettoise » sa belle-mère Françoise. « La maman d'Emmanuel est d'une grande simplicité, et très gentille », raconte une résidente bien informée qui croise alors les deux femmes.

Brigitte Macron, qui aime à émailler sa langue – vivante – de mots anglais, évoque volontiers sa relation avec une belle-mère... « *very open* » ! « On est amies », lâche-t-elle.

Les deux femmes partagent souvent un déjeuner, à Paris, où vit Françoise Noguès, retraitée. Elle était au meeting fondateur d'En Marche !, à Amiens, sur leurs terres originelles. Mais n'écume pas toutes les réunions publiques de son aîné.

Son frère Laurent est bien venu l'écouter aussi à Paris, mais Estelle, la benjamine trentenaire, et lui restent invisibles ou presque. La néphrologue, installée près de Toulouse, dédaigne toute exposition et se refuse à échanger avec les journalistes. « Je m'en tiens à cette ligne », explique, lapidaire, la petite sœur d'Emmanuel.

Le père, lui, n'est guère aperçu *backstage* après les discours.

Jean-Michel Macron affectionne peu ces grand-messes. « Je trouve la politique extrêmement destructrice. Je n'ai pas un grand respect pour ce milieu, mais pour l'instant, Emmanuel s'en sort bien. Il a déjà démontré qu'il avait un caractère suffisamment trempé pour résister, se rassure son père. Il a beaucoup de courage. »

L'entourage du fils en est persuadé : le neurologue aurait sans doute préféré que son aîné ne s'engage pas en politique. L'homme s'intéresse pourtant au débat public. « Je ne suis pas de droite, contrairement à ce que j'ai pu lire, confie-t-il. Mais je rejoins complètement Emmanuel quand il dit que droite et gauche sont des concepts d'un autre temps. Je partage tout à fait ses idées. Notamment sur le fait qu'il faille en finir avec tous ces "fonctionnaires" de la politique. »

Ensemble, il leur arrive d'évoquer les grands enjeux pour la France ou l'avenir de la recherche. « J'ai été très déçu par la gauche qui n'est pas revenue sur la loi Bachelot, sur la réforme de l'hôpital. C'est devenu une bureaucratie sans nom ! Je serine à mon fils ce genre de choses pour que ça change. »

Peut-être soucieux de protéger ses parents du grand cirque médiatique, Emmanuel parle très peu de sa famille. Sa mère aurait vécu avec quelque pincement les seules allusions à sa bien-aimée grand-mère dans les entretiens à la presse.

« En privé non plus, il ne parle jamais des siens », renchérissent des connaissances, arguant aussi de sa pudeur d'homme. Un peu comme ces acteurs qui se déshabillent face caméra et jurent qu'ils sont « très pudiques ». Assumant l'apparente contradiction.

Macron montre tout ou presque en short de bain à Biarritz ou en jean sur les rives lisboètes, main dans la main avec son épouse. Mais que donne-t-il vraiment à voir ?

Au Touquet, où tous les commerçants les connaissent, où la sœur de la pharmacienne connaît si bien Brigitte, où Olivier, l'époux de l'élue d'opposition Juliette Bernard, a tant connu « Brigitte enfant », où la fille de Brigitte conseille juridiquement le vendeur de chaussures, où Emmanuel dit bonjour à tout le monde « si gentiment », où les enfants de Brigitte sont « si simples, pas prétentieux », où...

Où l'on finit par les imaginer en réalité si banals et si lisses, ne laissant pas la moindre prise aux critiques.

L'Écho du Touquet, créé et imprimé par la société fondée par Léonce Deprez, avance en aparté l'argument d'évidence. « Dès qu'il est entré à Bercy, et plus encore depuis sa candidature, peu s'aventurent à commenter ce couple proche du pouvoir », raconte une signature du journal.

Sa vie, ici, comme ailleurs, se fait de plus en plus compliquée. Difficile d'échapper aux selfies, aux inconforts de la notoriété. On le voit désormais bien moins souvent flâner dans les artères du Touquet, passant de plus en plus de temps dans sa maison, comme il l'avait fait pour peaufiner *Révolution*, son épouse jamais bien loin, stylo feutre à la main.

Après leur mariage, le couple investit la capitale en 2007, s'offrant un 80 m^2 dans le XVe arrondissement de Paris. Avant, Brigitte réussit à jongler entre ses vies amiénoise et parisienne. Jouit d'un emploi du temps de rêve à la Providence.

Trois jours ramassés avec ses classes de lycée, le reste à Paris, avec lui. Le jeune Macron, qui n'a pas le portefeuille encore bien rempli, emprunte, notamment à son aîné et ami le multimillionnaire Henry Hermand, pour se payer ce bien de 900 000 euros. Il achève alors son service comme haut fonctionnaire à l'inspection générale des finances (IGF). Plus de trois ans et demi déjà au service de l'État, dans l'ombre, avec vue sur le Palais Omnisports de Bercy.

Grâce à son aisance, il a même été missionné pour assurer la direction par intérim de l'inspection, lorsque Jean-Pierre Jouyet est nommé comme secrétaire d'État.

Mais fin 2007, le serviteur de l'État rêve d'un ailleurs, servi par un réseau relationnel de plus en plus étoffé. Approché par le ministre Éric Woerth, il écarte aussi toute idée d'entrer au cabinet de

François Fillon, à Matignon. Surprenant ainsi certains camarades de l'ENA ou des familiers du Touquet qui, spontanément, le classaient plutôt à droite. « C'est vrai qu'il a refusé d'aller à la soupe sarkozyste », raconte François-Joseph Furry, une connaissance amiénoise de Macron qui suivra de près l'itinéraire de ce dernier.

Les deux adolescents n'ont guère fréquenté ensemble la Providence. Mais le financier passé par HEC, chez Carmignac Gestion à l'époque, ressent un écartèlement chez celui qu'il a découvert la première fois sur la scène du lycée, « ébloui par son jeu ».

Lui aussi dont le « pedigree » est imprégné de philosophie le met d'abord en garde contre ce monde des banquiers. « La finance était aux antipodes de ses choix antérieurs. Il me semblait qu'il renonçait alors d'une certaine façon à cette fibre sociale transmise par sa grand-mère. Alors cela m'a un peu étonné. Je lui ai dit : "Ce n'est pas le monde des Bisounours ; tu vas manger des chiffres, du modèle Excel toute la journée." » Avant de saisir le dessein, pas forcément contradictoire, de son camarade.

En réalité, Macron ne renie rien. Mais il a simplement soif de tout, d'apprendre, de labourer le champ de tous les possibles. Il n'est pas « Monsieur

Je-sais-tout, mais Monsieur Je-veux-apprendre », abonde son ami l'écrivain Erik Orsenna, dans *Les Échos*.

Un besoin viscéral de tout explorer, de changer de costume, de jouer, finalement.

Pris sous son aile par François Henrot, le jeune banquier fait vite ses preuves chez Rothschild. Il est trop jeune, trop novice dans le métier pour en maîtriser les ficelles, et les fines stratégies d'un secteur en particulier. Alors il fait feu de tout bois et glisse à cet ami : « Je n'ai pas le choix. C'est la *Blitzkrieg* ou rien. »

Le néophyte, surveillé de près, sait y faire. Négocie avec son sens du relationnel aiguisé. Et emporte la mise sur deux *deals*, une transaction de taille entre Nestlé et Pfizer, ainsi que le rachat par Atos du service informatique du géant Siemens.

La politique est bien loin, encore, lorsqu'il intègre Rothschild en septembre 2008. Certes, il a bien été rapporteur adjoint de la commission Attali, la saison passée – ces trois cents mesures censées « libérer la croissance française ». Sans broncher, il a supporté les centaines de mails – un euphémisme – envoyées chaque jour par l'ancien sherpa mitterrandien.

La politique, la chose publique, il la pense et la repense... à Sciences Po comme enseignant, lui, l'ex-étudiant de la rue Saint-Guillaume, après avoir raté Normale.

Il a surtout commencé à s'y intéresser durant ses études là-bas avec les copains, Marc Ferracci et Aurélien Lechevallier, futur conseiller politique et diplomatique. Auparavant, très rarement, sinon jamais, à en croire son ami d'hypokhâgne, Brice.

Juste avant son entrée dans la banque, Macron, qui connaît bien la maison, est appelé à donner des cours de culture générale aux étudiants qui préparent l'ENA. Une séance de deux heures tous les quinze jours. Et ce jusqu'à ce qu'il rejoigne le président Hollande et son secrétariat général en 2012.

Le diplômé se plaît au jeu d'enseigner, fût-ce un cours magistral sans réel échange avec les étudiants. Les jeunes filles le trouvent très séduisant – mais cette ruche qui bruisse de tant de rumeurs ne lui en prête alors aucune, et d'aucune sorte.

Les étudiants s'agacent parfois lorsque leur prof à la dernière minute joue les absents. Il ne cesse de décaler, de reporter ses séances, trop occupé par cette vie trépidante qui démarre dès potron-minet. Et se confond même en excuses auprès de la secrétaire de Sciences Po. « Vous devez me maudire », lui écrit-il par mail fin mars 2008, arguant de sa

« difficulté » à gérer son agenda de… ministre qu'il n'est pas encore.

Emmanuel Macron est tout le temps « sous l'eau », comme il le répète mail après mail, même s'il s'accorde de temps en temps un café au Basile, repaire du tout-Sciences Po.

À 7 heures pile. C'est à prendre ou à laisser pour son collègue Hugo Coniez, haut fonctionnaire au Sénat, qui se partage avec lui ce module d'enseignement.

Combien de fois ce normalien et énarque (la promo précédant celle de Macron), qui a formé tant de jeunes pousses comme Najat Vallaud-Belkacem, a-t-il dû pallier les revirements d'agenda de son coéquipier de « culture gé » ? Il le juge néanmoins « très gentil, bon camarade, doué d'une grande intelligence émotionnelle ».

Macron ancre son cours sur la seule philosophie politique ou presque, aime à citer son triptyque fétiche : Platon, Hegel et bien sûr son penseur de cœur, Paul Ricœur. Les cours qu'il dispense sont « très écrits et très abstraits », note son homologue.

Guère étonnant, peut-être, qu'on lui ait reproché au début de son aventure présidentielle son refus d'entrer dans le dur, dans le réel, de dérouler des mesures concrètes. Au-delà même d'une simple question de *timing*, de *teasing* stratégique ou plus banalement d'une certaine impréparation dans ces délais si serrés.

Celui qui a décrypté l'intérêt général chez Hegel est un cérébral pur. Il a longtemps préféré les hauteurs, les concepts, à la prise directe avec les entrailles du réel.

Comme François-Joseph Furry, Hugo Coniez observe le dilemme qui agite le tout juste trentenaire. « On sentait qu'il hésitait ou feignait d'hésiter entre l'action et la réflexion, alors qu'il s'apprêtait à entrer chez Rothschild. »

Un rien « nostalgique », déjà, de ce monde philosophique qu'il faudra reléguer, forcément. De l'inspection générale des finances, il est de toute façon un peu las. Et observe l'efficience de l'action administrative avec grand recul, sinon scepticisme.

Finalement, il n'hésitera pas bien longtemps avant de céder aux sirènes de la finance. Ironie de l'histoire, des années plus tard, il s'inscrira dans le sillage d'un candidat vilipendant la finance à son corps défendant.

Dans son costume-cravate de banquier, l'ancien philosophe continue d'égrener ses thèmes de prédilection rue Saint-Guillaume. Il s'éloigne si peu de la théorie, dédaigne les approches plus empiriques.

De la France, le jeune loup ne connaît que les franges favorisées, fût-il un enfant picard, un fils du Nord, comme il se plaît aujourd'hui à répéter au gré des meetings. Et d'irriter certains de ses habitants et de ses opposants en nommant ces maux – alcoolisme et tabagisme – associés à ces terres défavorisées. Cette France, il l'a surtout traversée et observée, adolescent, derrière la vitre de la voiture de ses parents, lors de leur transhumance hivernale pour La Mongie, non loin de Montgaillard, de Bagnères-de-Bigorre, fief pyrénéen de sa famille maternelle. Là même où Emmanuel Macron aime à dévaler encore les pistes de ski.

Face à ses étudiants de l'Institut d'études politiques, il est à l'aise, mais pas charismatique non plus. Plus attentif encore, lorsque ses derniers cours donnés sont filmés. Sur cette nouvelle scène, il disserte, entre autres, sur « l'histoire et la mémoire », « la mort et la maladie », « la religion, la laïcité et le sacré » ou encore « le risque ». Ce risque presque organique chez lui, quitte à embrasser un peu tout, un peu trop vite.

Ces années de mutation en somme, il semble, mieux que personne, s'approprier les célèbres mots de ce René Char tant admiré : « Impose ta chance, serre ton bonheur et va vers ton risque. À te regarder, ils s'habitueront. »

Aujourd'hui entrepreneur dans le champ social et solidaire, François-Joseph Furry paraphrase à sa manière l'écrivain, avançant, selon lui, la seule analyse qui vaille pour comprendre le personnage. « Emmanuel va continuellement vers son risque. »

Il ne s'embarrasse nullement de ces vrais-faux antagonismes entre la philosophie, la finance, l'enseignement, la haute fonction publique. N'étouffe aucun de ses désirs, rêvant d'une vie aux prises multiples, tant il se sait à la hauteur d'un tel destin. « Emmanuel est protéiforme, il échappe à toute définition », insiste son épouse.

À trente ans seulement, il donne à son entourage l'impression d'avoir constamment plusieurs fers au feu. Qu'importe si tout n'est pas parfait, s'il n'a pas même le temps de réactualiser suffisamment ses cours pour Sciences Po.

Ses amis banquiers ne le laissent pas souffler, justifie-t-il, lâchant quand on ironise sur cette course effrénée dans son nouveau milieu financier : « Eh bien, oui, je suis exploité ! » Qu'importent ses annulations de dernière minute… On devine dans les couloirs de l'Institut que le jeune homme a déjà de sacrés soutiens, de précieux relais, même s'il ne montre jamais la moindre morgue. Il ne se greffe toutefois pas aux groupies du très influent Richard Descoings, alors patron tout-puissant de la grande école.

Le jeune marié ouvre toutes les portes, mais cloisonne ses univers. Et n'invite pas ses rares amis proches en week-end, au Touquet notamment. Durant ces années, il évoque si peu sa vie personnelle. Reste vaguement énigmatique. Physiquement, il donne à tous cette impression si juvénile. Une silhouette qui ne trahirait ainsi la moindre aspérité. « Macron est lisse... en apparence ! » infirme un voisin de bureau, à l'IGF, qui travaille aujourd'hui outre-Manche dans le conseil financier.

La petite bande des khâgneux et des énarques finit aussi par débusquer ses angles cachés et gloser sur sa part intime. Jaloux, sans doute, à en croire des témoins de l'époque, de l'ascension irrésistible de leur comparse, certains se plaisent à railler son choix amoureux.

Manière, sans nul doute, d'attaquer l'impertinente réussite. L'un d'eux, affligé, n'a pas oublié ce jour où une jeune inspectrice des finances lui lance : « Emmanuel est parti retrouver sa vieille ! »

De son côté, Brigitte profite de sa vie dans la capitale, des moments agréables avec son époux sur leur terrasse du XVe. Elle se plaît à « Franklin », véritable vivier de futurs talents triés sur le volet. Les familles bourgeoises neuilléennes ou de l'Ouest parisien y inscrivent leur progéniture, assurées d'une réussite au bac avec mention. Plus encore qu'à Amiens, l'établissement lui fait découvrir les ressorts d'une élite parisienne.

Quand elle pose son cartable en septembre 2007 dans l'établissement catholique du XVIe, celle qui n'a pas repris son nom de jeune fille s'appelle encore Mme Auzière. Un mois plus tard, la « jeune mariée » devient Brigitte Auzière-Macron. Et ses élèves de la rebaptiser malicieusement « BAM ». L'acronyme l'amuse.

Un an plus tard, Emmanuel Macron passe ses premières saisons frénétiques dans les chiffres et les rendez-vous d'affaires à la banque Rothschild.

L'enseignante, elle, s'épanouit à « Franklin », poursuivant une carrière sans heurts, au service d'élèves autant conquis par leur enseignante qu'à « la Pro ». Comme en témoigne encore la myriade d'anciens abonnée à son compte Facebook.

Dans la coulisse, leurs appréciations se font pour le moins dithyrambiques. Elle sait les intéresser aux peintures sociales flaubertiennes, aux errements du libertin dom Juan. Cette pièce qu'elle chérit tant. La direction est d'emblée acquise à cette enseignante si motivante pour ses jeunes troupes.

Qui, malgré un enseignement assez académique, avec des professeurs qui le sont souvent tout autant, revient sans cesse aux idées des Lumières, prônant encore et encore cet indispensable esprit critique. Parmi ses lycéens, elle aura – pour la petite histoire – l'un des enfants de l'ancien ministre Renaud Dutreil, aujourd'hui « marcheur » au côté du mari.

Emmanuel, après avoir trouvé ses marques, savoure cette immersion dans son nouvel univers. Mais ils s'épanouissent dans deux mondes parallèles, aux missions si éloignées ; elle, ne comprend pas grand-chose au jargon financier. Certes, leurs affinités électives pour les lettres les réunissent toujours. Mais leurs rythmes diffèrent.

En futur politique pressé, le sommeil est accessoire chez le jeune banquier. Quatre ou cinq heures par nuit tout au plus. Il envoie des SMS tard, très tard. Quand il ne tape pas des mails à 2 heures ou 3 heures du matin. L'affaire n'est pas tant une question d'âge que d'endurance ou de choix de vie. Ils ont d'ailleurs pris l'habitude de privilégier un domicile à la topographie qui sied à ces quotidiens parfois incompatibles.

Chez Rothschild, il prend goût à la décision, à une forme de pouvoir, lui le socialiste par intermittence qui n'a pris sa carte au PS qu'en 2006. Et ne l'a pas renouvelée bien longtemps. Il boude les réunions militantes, mais consulte tous azimuts et ne lésine pas sur les notes de frais. Cela ne fait aucun doute, il ne fera pas comme ces « IGF » qui pantouflent dans la banque et y restent confortablement des années durant. Il a beau avoir très rapidement fait ses preuves, il voit déjà bien plus loin, s'arrime à la politique, conseillé par Jean-Pierre Jouyet. Et rencontre grâce à lui François Hollande, à qui il envoie bientôt des notes éco. L'homme du risque se prend au jeu.

Le premier secrétaire de la rue de Solférino est pourtant bon dernier dans les sondages. Un signe qui en dit long sur un Macron prêt à prendre une toute nouvelle option de vie. Et à miser cette fois sur une valeur démonétisée. Peut-être pense-t-il qu'en choisissant le moins courtisé des candidats à la primaire il aura plus facilement l'oreille du chef. « Au-delà du choix d'une écurie, il y avait entre François Hollande et lui une part d'affectif », explique Marc Ferracci. L'actuel responsable du groupe de travail Emploi-Formation au sein d'En Marche ! n'en est pas moins surpris lorsque Emmanuel lui annonce son engagement, lors d'un footing à la Cité universitaire internationale.

Cet improbable pari sur Hollande, avant la chute de DSK, le 14 mai 2011 dans une suite new-yorkaise, révèle-t-il déjà un certain flair ? Il sent, cette fois, que la politique lui tend les bras.

Étudiant, il s'est laissé séduire par la figure de Jean-Pierre Chevènement, participant à l'université d'été du Mouvement des citoyens en 1998.
Plus tard, au Touquet, il tentera même une approche autour de la fugace association Perspectives emmenée par l'édile d'un seul mandat, Philippe Cotrel, marqué à droite. Se montrant ici et là à quelques rassemblements et autres réunions d'appartement. Avant de quitter le navire, peu confiant dans son avenir sur la Côte d'Opale. Les rivalités locales auraient sans doute parasité sa candidature. Mais il s'imagine surtout émerger sur la scène nationale.

L'Élysée lui offre un poste de secrétaire général adjoint aux côtés de Nicolas Revel, fils de Jean-François, l'écrivain. Il va tout faire pour s'extraire de ses seules prérogatives, des seules questions d'économie. S'échappe dès qu'il le peut pour assister aux quatre coins de l'Europe aux rencontres officielles. Et suscite déjà quelque agacement à trop vouloir exister. Mais Hollande l'aime tant. Alors…

Les petites mains de la rue du Faubourg-Saint-Honoré qui s'échinent loin des plafonds dorés, loin du Salon vert des décisionnaires, l'aiment tout autant. Si peu habituées qu'un homme de son rang vienne les saluer, comme il le faisait déjà avec les appariteurs de Sciences Po.

Cette gentillesse, dont tous parlent. Macron détonne, encore. Il sort de ce qui est parfois « de bon ton » dans ces hautes sphères politiques faites de malveillances. De mépris aussi pour les moins capés. L'aventure politique lui plaît, mais tout ce que le système charrie le rebute aussi.

Juin 2014, il quitte son bureau de l'Élysée avec un pot de départ digne d'un ministre. « Qui ne connaît pas Emmanuel Macron ? » interroge ce jour-là en guise d'hommage le président Hollande. Sans imaginer un instant qu'un certain Manuel Valls, installé place Beauvau, lui suggérera ce nom, à peine un mois plus tard. Le chef de l'État est en effet alors contraint de chercher à la hâte un remplaçant à l'insolent Montebourg. Le remuant ministre a eu le « malheur » de s'amuser à proposer une provocante cuvée du redressement. Humiliant un président déjà vacillant.

Quand il quitte la présidence de la République, celui qui deviendra le successeur de Montebourg est déjà sur le coup d'après. Il songe affaires, pensant son heure politique en suspens. A déjà convenu également de donner des cours à la prestigieuse London School of Economics.

En cette fin août 2014, l'estivant Macron profite encore de quelques belles heures au Touquet. François-Joseph Furry, relation de longue date, qui lui aussi plébiscite la station du Pas-de-Calais, le retrouve pour un café matinal. Le financier lettré échange avec le financier de la même veine. L'ancien conseiller de Hollande qui cherche alors à « recaser » ceux qui ont travaillé à ses côtés à l'Élysée a déjà bien avancé sur un nouveau dessein. Il entend développer une société de recherche avec des spécialistes en macroéconomie, en finances publiques.
 L'idée étant de fournir une base d'analyse très étayée auprès des institutionnels et des grandes entreprises. Et Macron, qui a fait, étudiant à l'ENA, un stage au Nigeria, s'intéresse, entre autres, aux zones africaines en plein essor. « Il en était déjà à s'interroger sur les facturations des prestations de sa société », relate François-Joseph Furry.

Jamais à court d'envie ni d'ambition, l'« entrepreneur » prépare également un « business plan » avec Julien Denormandie – futur complice à Bercy puis d'En Marche ! – et surtout le très jeune et discret Ismaël Emelien issu de l'« école » Stéphane Fouks d'Havas Worldwide (ex-Euro RSCG), un intime de Manuel Valls.

L'« enfant », que l'on dit prodige, orchestrera plus tard la stratégie de com du ministre de l'Économie à Bercy, et plus encore au sein d'En Marche !.
Leur projet d'investissement vise alors à créer une société internationale numérique d'apprentissage des langues, de certification, sur un modèle d'« *e-learning* ».

Ce même été, Brigitte et Emmanuel font ainsi escale en Californie. Christian Monjou, son ex-enseignant de prépa, spécialiste de culture anglo-saxonne, leur glisse quelques *tips* de lecture, de musées à visiter dans cet Ouest américain si emballant. Mais Macron ne perd pas de vue les affaires, et multiplie les rendez-vous en ces terres de *geeks* avant-gardistes. Un nouveau monde encore s'offre à lui. Les statuts de l'entreprise sont prêts.

François-Joseph Furry apprend, « stupéfait », le soir même de ses échanges amicaux, que son ami a reçu un appel... du palais présidentiel ! Ismaël Emelien a, lui aussi, de quoi être surpris. Après l'IGF, Rothschild et l'Élysée, ce sera donc Bercy !

L'effronté

La fusée Macron aime les comètes. Il en a même accroché une dans son bureau. L'image de « Tchouri » est singulière, ésotérique, choisie par celui qui rêve désormais d'un septième ciel politique. N'a-t-il pas, si souvent, ces mots à la bouche : « *Sky is the limit* » ?

À Bercy, pourtant, la comète n'aura pas fait que des étincelles, mais aura duré deux ans.

Ce 30 août 2016, il est 15 heures passées. Et les divergences n'ont que trop duré. Le ministre de l'Économie vient de remettre sa démission à François Hollande. Et quitte son bureau. « Comme tu le vois, aujourd'hui, je suis dans le résolument », s'empresse-t-il de textoter à quelques connaissances sur son portable.

La machine est lancée et s'ébranle à toute vapeur. Sous les projecteurs, la navette fluviale les embarque dans une autre vie. Brigitte Macron, installée à demeure avec son époux dans les appartements de Bercy, a fait des adieux, filmés, au cabinet. Quelques heures plus tard, les caméras s'agrippent encore à elle quand son mari prononce les siens. La « nouvelle star », c'est elle aussi, désormais.

Comme pour relativiser leur folle entreprise, ou faire mine d'échapper, déjà, à cette machine de guerre, elle joue, comme souvent, le contre-pied. Et cite Bernanos : « La plus belle aventure, c'est la littérature ! »
Lâchant son ministère, lui, déclame alors, plus pragmatique mais tout aussi combatif : « Dans la vie, il n'y a pas de solutions, mais des forces en marche. » Deux mots qui exhalent déjà le parfum de son ascension.
Six mois plus tôt, Emmanuel Macron avait poussé un peu trop loin le bouchon. La traversée en solitaire, les tribunes, les meetings... Amiens, puis point d'orgue à la Mutualité, le 12 juillet. Le franc-tireur, devant un parterre d'élus ralliés à sa cause, annonce, sans demi-teinte, la couleur. Et charge le barillet de son colt. « Imaginez où nous serons dans trois mois, six mois, un an ? » dégaine-t-il pour clore ce second show d'une heure et vingt minutes.

Backstage, la « coach » est aux anges. Après l'avoir tant fait répéter.

Primaire ou pas, il ira. « Je le lui ai dit que c'était maintenant ou jamais ! » confie à la fin de l'été 2016 son ami Henry Hermand dans ses tout derniers entretiens. Sûr du destin présidentiel de son protégé. Le doute, en effet, n'est plus de mise. Sauf pour qui ne veut pas voir, François Hollande en tête. Jusqu'au bout, le stratège n'a pas supputé que son « loyal » obligé jouerait les infidèles.

Le fils prodige, « le bon garçon », « droit », comme le qualifiait l'ami hollandais, Julien Dray, n'a pourtant pas même attendu quelque autre légitimité des urnes pour s'annoncer. Et pour « tuer » ce père que l'opinion avait déjà inhumé. Celui qui ne fait pas comme les autres ne peut pas trahir comme les autres. « Emmanuel » n'est pas Judas…

Or, pas même deux ans après ses premiers pas en politique aux avant-postes, le ministre Macron déjà se projette dans la « présidentialité ». « La grande erreur des socialistes est de ne pas avoir cerné l'étendue de ses multiples facettes. Et de l'avoir réduit à un banquier talentueux, simple jeune loup entré en politique », relève l'ami François-Joseph Furry.

Arnaud Montebourg, lui, avait perçu le danger. D'emblée. Il avait même prévenu Manuel Valls qu'il allait vite se faire déborder par celui qui veut tout. Tout de suite. Cet effronté s'est d'ailleurs jeté dans sa nouvelle fonction sabre au clair. Qu'importe si les uns et les autres, irrités par la forfanterie, répètent en boucle sur les ondes la trahison, l'ingratitude et tout le reste, ou si le Premier ministre, qui voit son créneau âprement disputé sinon entamé, réitère partout qu'« on ne s'improvise pas candidat ». Trop tard.

À Bercy, le « primo-arrivant » voit grand. Michel Sapin, son ministre des Finances, enrage vite de le voir donner son avis sur ses options européennes, comme Axelle Lemaire s'agace à son tour de son omnipotence. Lui, sollicite, sans cesse et sans s'en cacher, François Hollande pour obtenir des arbitrages favorables. « Tant qu'on ne lui dit pas stop, il va au bout, confie la ministre du Travail, Myriam El Khomri. Mais il n'est pas fermé, peut même rectifier certaines choses si on l'en convainc. Pour lui, l'essentiel est d'être courageux en politique. Et il en a voulu à certains de ne pas l'être ».

La socialiste qui a pourtant soutenu Manuel Valls à cette primaire de la « Belle alliance populaire » l'apprécie et ne s'en cache pas. Il est l'un des rares à lui avoir envoyé des messages de réconfort amicaux lorsque sa loi généra une violence paroxystique avec les frondeurs du PS.

Arrimé à la Seine, Bercy non plus n'a pas été qu'un long fleuve tranquille pour son capitaine. Il a beau avoir un entregent sans pareil, une svelte allure de jeune loup sorti de pubs Armani comme l'a étrillé Bernard Accoyer, nouveau patron des Républicains – et beau jouer, comme aucun autre, les fringants acteurs sur Canal Plus, avec un Cyrille Eldin lui donnant la réplique –, la mise en scène politique et ses viles ruses ont pourtant vite rattrapé un homme trop avide de premiers rôles. Lui aussi a eu droit à ses rites initiatiques.

Le regard empli d'amour, son épouse redit combien son ministre de mari s'est battu. Décillée par cette vie vraie des politiques, elle s'exclame : « Cinq cents heures de débats pour faire passer sa loi ! » Macron a vécu comme un camouflet personnel, et un coup bas, l'utilisation du 49-3 décidée par Manuel Valls pour faire passer son texte. Son cadet n'a pas la rancune organique, mais il lui en a beaucoup voulu, affirment ses proches, tout convaincu qu'il était d'avoir persuadé *in fine* une majorité d'élus. « L'hypocrisie du débat parlementaire a précipité son envie d'aller plus loin », estime son ami Marc Ferracci. Le ministre saura d'ailleurs fédérer plusieurs membres de la commission dédiée à l'examen de sa loi. Richard Ferrand, Corinne Erhel ou Christophe Castaner se mueront notamment en inconditionnels de la candidature d'Emmanuel à la présidentielle.

Un ministre de s'étonner d'ailleurs de la façon dont le progressiste est parvenu à « marabouter » des « aubrystes » comme Richard Ferrand, aujourd'hui secrétaire général d'En Marche ! : « Ils sont tous tombés amoureux ! » Le rapporteur général de cette « loi Macron » n'était-il pas censé, selon quelques pairs députés, maintenir un centre de gravité ?

On reproche très vite au ministre ses transgressions, ses sorties faussement maladroites sur les fonctionnaires par exemple, ou les 35 heures, même si le candidat joue désormais le consensus. Lui sait également qu'il teste par ce biais-là l'opinion. Ainsi, celui qui n'a plus sa carte au PS depuis un bail s'attaque par le menu aux totems de la gauche.

Jean-Christophe Cambadélis, qui tente de ménager frondeurs et réformateurs, le convie moult fois à faire valoir ses positions devant des militants déroutés. Mais Macron se contrefiche pas mal de ces passages obligés, de ces jeux d'appareils policés. Dans sa chère cité du Touquet comme dans les cercles de pouvoir, personne ne semble être dupe de sa « gauchitude », comme dirait Ségolène Royal. « De toute façon, il n'est pas de gauche, tempête également un haut fonctionnaire de Bercy proche des idées d'Arnaud Montebourg. L'un de mes amis qui avait partagé le bureau d'Emmanuel à l'inspection générale des finances m'avait prévenu dès février 2012 : "Tu t'apprêtes à voter pour Hollande, mais je connais celui qui fomente son programme économique. Tu vas entendre parler de lui dans les prochaines années, car il ira loin." Mais il ne souhaite en rien lutter contre la finance. Bien au contraire ! »

« J'ai fait, quelques mois après, mes excuses à ce copain que j'avais envoyé balader les yeux au ciel », raconte aujourd'hui ce soutien de Monsieur « *Made in France* ».

Emmanuel Macron fait en tout cas feu de tout bois, exhorte son cabinet à donner le meilleur, constamment. « Ne me dites jamais : "On n'a jamais fait comme ça !" » arguë-t-il à chaque obstacle soulevé par un collaborateur.

« On était à 2 000 %, avec l'intention de changer les choses. Lui était vraiment dans le concret, voulant jouer sur tous les leviers microéconomiques pour déverrouiller la société, changer le quotidien des gens », raconte avec des accents de sincérité un ex-membre du cabinet. Quand Brigitte joue parfois les mamans attentives avec tous, le *boss* sait habilement « valoriser les compétences des uns et des autres ».

Créer une dynamique, une ambiance. Il partage aussi son amour réciproque de la poésie avec une conseillère com qui lui glisse dans l'agenda quelques vers en résonance avec les rencontres prévues !

Le trentenaire aime également faire fi du protocole. Conseiller présidentiel à l'Élysée, il était déjà de ceux qui savaient, par une réflexion bien sentie, rendre plus légère la solennelle réunion du lundi matin, autour du chef de l'État. Un rien potaches, les imitations de ce camarade dissipé font souvent mouche. Il savoure les contrepèteries du *Canard enchaîné* (quand il ne rivalise pas de trouvailles stylistiques avec son ami Ferracci), et ne dédaigne jamais de relever un défi de cour de récré au pied levé. Ne l'a-t-on pas vu exécuter une série de pompes dans l'un des bureaux feutrés du 55, rue du Faubourg-Saint-Honoré, juste pour honorer un pari avec l'un de ses congénères...

Sur son bureau, le conseiller en communication de François Hollande, Gaspard Gantzer, l'ex-camarade énarque, conserve aujourd'hui encore un mug sur lequel un portrait de lui et de son pote Macron est gravé avec la mention « *punk is not dead* ».

Nommé ministre, et déjà passé par la haute finance, il aborde à Bercy aussi son nouveau rôle avec une superbe décontraction. « Il n'est pas dans une relation verticale avec les gens, se souvient un fonctionnaire. Et travaille avec ses collaborateurs sur un mode start-up. » Cette fameuse « horizontalité » macronesque, très anglo-saxonne, que vantent tant de ses proches. Même si l'homme tranche, en réalité, souvent seul.

Faisant sans doute sienne la maxime de son cher Paul Ricœur : « La discussion politique est sans conclusion bien qu'elle ne soit pas sans décision. »

Myriam El Khomri a gardé en mémoire son premier déplacement avec un Macron fraîchement nommé. C'était à Marseille à la fin du mois d'août 2014. Alors secrétaire d'État à la Politique de la ville, elle avait souhaité qu'il l'accompagne pour présenter la charte « Entreprises et quartiers ». Élue de terrain dans le XVIIIe arrondissement de Paris depuis de longues années et issue d'un horizon bien différent de son collègue, elle voulait observer de près le phénomène.

À entendre l'ex-adjointe d'Anne Hidalgo à Paris, assister à son immersion dans un quartier difficile de la cité phocéenne n'a pas manqué de sel. « Il a tout de suite été très à l'aise, convient-elle. J'ai vu qu'il se passait quelque chose avec les jeunes. Son discours pas classique passait bien. Très vite, il a voulu sortir du cadre officiel de la visite, prendre le temps qu'il fallait pour comprendre. » Il est ainsi, le ministre de l'Économie, bichonnant ses relations publiques dans tous les domaines. L'un des participants à la cellule de « continuité économique post-attentats » de novembre 2015 décrit aussi ce sens inné du contact. « Il est arrivé et a salué une à une les cinquante personnes, représentants des administrations et des fédérations professionnelles. Il est le seul ministre présent à l'avoir fait. »

Avec une totale liberté pour seul guide, Emmanuel Macron ne résiste pas à casser tous les codes. Tout est bon pour faire avancer un dossier. Il n'a d'ailleurs pas son pareil pour marcher sur les plates-bandes d'autres ministres et envoyer, *in petto*, à ceux qui s'en émeuvent, un provocateur « Je suis désolé ma poule ! » en pianotant, rigolard, sur son portable. Une aisance qui le fait aussi déraper, même s'il ne juge pas une seconde l'avoir fait...

Septembre 2014, sitôt après avoir endossé son costume de ministre, il évoque sur Europe 1 les anciens salariés licenciés de l'abattoir Gad, à Lampaul-Guimiliau, dans le Finistère. Évoquant la difficulté, celle d'accéder à la mobilité de l'emploi sans pouvoir passer cet onéreux permis ou encore celle à se reconvertir, le « bizuth » évoque « une majorité de femmes, pour beaucoup illettrées ». Tollé général. Macron-le-banquier aurait-il enfin trahi cette arrogance mal dissimulée ?

Le sang de Marylise Lebranchu, l'ex-maire de Morlaix, ne fait qu'un tour. La collègue du gouvernement décroche son téléphone, juste avant le Conseil des ministres de 9 h 30. « Tu as blessé des gens, tu sais ? Il ne faut pas se tromper entre l'analyse d'une situation et la manière dont on en parle », lui explique, pédagogue, la ministre de la Décentralisation et de la Fonction publique.

Il écoute sans broncher celle qui a traversé plusieurs gouvernances et n'ignore rien des pièges de la communication publique. « Je lui ai dit : "Tu appelles *Le Télégramme* et tu t'excuses !" » confie Marylise Lebranchu. Au bout du fil, Emmanuel Macron se justifie, peut-être un rien naïf : « Mais, je n'ai pas voulu humilier... »

Le mea-culpa sera bien publié. Prémices sans doute d'une seconde polémique récente sur sa présentation « clinique » des gens du Nord, lors de sa visite dans les Hauts-de-France, en janvier dernier.

Nommer les réalités, fussent-elles dures à entendre... Macron n'a finalement pas peur de revendiquer cette outrecuidance-là. Et l'amie de Martine Aubry, qui vit aujourd'hui son ultime mandat à l'Assemblée nationale, de conclure sur l'« affaire Gad » par ces mots cinglants : « Il ne suffit pas d'être brillant. »

L'élève n'en a pas voulu à sa maîtresse d'un jour, en bon respectueux des « aînés » qu'il a toujours été. Alors, accompagnée de sa fille, Marylise Lebranchu le recroise fortuitement, bien plus tard. « Ta mère, ce n'est pas une flagorneuse ! » lance-t-il.

L'épisode fondateur de Gad lui a appris qu'on gagne parfois à polir un verbe un peu trop fluide. Cela n'empêchera pas une nouvelle polémique sur son costume de banquier, payé grâce à sa seule méritocratie, à son « travail », comme il l'assène alors que le ton monte avec un gréviste lors d'un déplacement dans l'Hérault.

Méprisant ou provocant, les Français découvrent, en tout cas, avec curiosité cet « objet politique non identifié ». Ses sujets de proximité sont porteurs. C'est surtout sa volonté de simplifier les professions réglementées (avocats, pharmaciens, notaires…) ou d'accroître les autorisations d'ouvrir les magasins le dimanche, qui vont alors le faire émerger.

« Il coche toutes les cases, décrypte Jean-Daniel Lévy, directeur du département Opinion d'Harris interactive. Il est jeune, clair dans ses propos, passé par le privé et pas inféodé à un parti. Les Français au faible pouvoir d'achat ont d'abord vu les effets immédiats des bus Macron sur leur portefeuille. Et l'électorat plus âgé a considéré que l'on pouvait, économiquement, se mettre un peu plus en danger pour gagner de la compétitivité. »

L'homme, encore inconnu deux ans auparavant, se délecte dès lors de son emprise sur l'opinion. « En six mois seulement, il a ringardisé tous les autres leaders politiques, y compris Valls, assure l'un de ses soutiens, l'élu de Côte-d'Or François Patriat. Il a pris conscience du ressenti qu'il créait, a compris qu'il avait un destin en politique. »

À partir du moment où une loi a porté son nom, il a brûlé d'être reconnu bien au-delà. Pour ce faire, il a demandé alors à Ismaël Emelien, valeur montante d'Havas, de le rejoindre à Bercy comme conseiller. Et s'est adjoint plusieurs attachées de presse. Rien n'est laissé au hasard.

Si son image internationale doit être identifiée, travaillée, il ne néglige pas pour autant la proximité en choyant la presse régionale. Et tout est sous contrôle. « Il ne nous a jamais refusé une interview politique, raconte Olivier Merlin, journaliste à *La Voix du Nord*. Mais le jour où une correspondante locale a pris une photo de son couple sur la plage du Touquet et a échangé avec eux en vue d'un article, le cabinet nous a fait savoir de manière très ferme dès le lendemain de la parution que c'était la dernière fois que nous allions sur ce terrain-là. » On ne badine pas avec la com et chaque détail compte.

La « statue » du jeune Macron est en pleine édification. Et il travaille, dès l'automne 2015, à son émancipation.

Lors du pot de cette fin d'année avec ses collaborateurs, il dévoile sans être trop précis ce nouvel horizon qui l'attend. Un an et demi seulement après avoir fait ses premières armes à Bercy. Les contours exposés sur le mouvement En Marche ! ne sont guère concrets. Mais le ministre sait déjà, au kilomètre près, la grande « marche » qu'il veut entreprendre hors les murs. Toujours ce coup d'avance des « *risk takers* », comme disent ses amis financiers.

Les attentats de novembre vont précipiter et cristalliser ce désir. En décembre, Macron roule pour Bercy, mais pour lui aussi. En Marche ! est déjà un embryon, avec un petit groupe mobilisé autour du ministre et de son épouse, même si l'entité future ne porte pas encore de nom.

Un jour, face à la Pyramide du Louvre, il s'en ouvre sans fard lors d'une rencontre fortuite, au Café Marly, lieu prisé du couple. La pro-*business* Sophie de Menthon y prend du bon temps en famille. Macron avait déjà reçu à l'Élysée l'impénitente bavarde, jamais avare de *gossips* sur l'échiquier politique. Comment ignorer qu'elle puisse divulguer l'info ?

« Il a été très clair, à tel point qu'il avait, selon moi, le désir que ça s'ébruite, acquiesce la présidente d'Ethic. Il m'a parlé sans détours de son ambition présidentielle. De tout ce qu'il allait faire. Et tout ce qu'il avait envisagé s'est vérifié à la minute près ! » La libérale n'en revient pas. Charmée, de surcroît, par ce couple qu'elle a vu arriver « main dans la main ». Séduite aussi par le regard bleu du ministre immanquablement planté dans celui de ses interlocuteurs, comme si rien d'autre n'existait. Mais fâchée, depuis, par le virage trop peu libéral d'un Macron en campagne qui tente de s'approprier davantage la gauche.

Au cours des dîners qu'il organise avec Brigitte au printemps 2016, le couple ne fait plus mystère de son désir de conquête. Malgré les échos chaque jour plus nombreux, François Hollande s'installe dans un déni tenace.

À l'automne 2015, il accordait toute sa confiance à son ministre. Et revendiquait alors la loyauté de son protégé, auprès des journalistes Gérard Davet et Fabrice Lhomme[1]. « Emmanuel Macron est un être qui n'est pas duplice, dans le sens où il utiliserait son ministère pour jouer une partition personnelle. Ce n'est pas non plus un être qui fonctionne par la provocation. Mais il ne connaît pas les codes de la vie médiatique et politique. » « Il n'a pas de perversité, s'entête encore le chef de l'État auprès des deux plumes du *Monde*. Il peut avoir de la maladresse, mais il n'a pas de perversité. » « La vérité c'est que la maladresse est souvent l'explication première dans la vie politique », théorise-t-il même, serein, sûr de son jugement.

Les Valls s'acharnent également à croire que le ministre ne tirera pas la couverture à lui. Anne Gravoin se montre encore indulgente pour celui que son mari a contribué à faire émerger. « Elle répétait qu'il était formidable, mais en décembre, la musique n'était plus la même ! » se remémore cependant un ami du couple. Le président n'en finit pas, lui, de pécher par excès de confiance. Une étonnante naïveté pour ce réputé manœuvrier. Il sait se jouer des uns et des autres pour mieux garder la main et tirer son épingle du jeu. La leçon

---

[1]. Gérard Davet et Fabrice Lhomme, « *Un président ne devrait pas dire ça...* » *Les secrets d'un quinquennat*, Stock, 2016.

de 2006 aurait pourtant dû servir d'avertissement. N'avait-il pas permis alors à Ségolène Royal de s'inviter dans la primaire socialiste ? Il espérait avant tout barrer la piste aux vieux éléphants, Fabius ou DSK, qui se réservaient la part belle dans cette faune qu'ils dominaient. Pourtant celle que d'aucuns au PS appelaient alors « sa créature » avait fini par lui échapper. Le premier secrétaire, marionnettiste en chef du petit guignol socialiste, ne tirait plus les ficelles.

Le scénario bégaye avec Emmanuel Macron, dix ans plus tard. Ségolène Royal ne s'y est d'ailleurs pas trompée. Elle observe d'un œil bienveillant et amusé les dérapages plus ou moins contrôlés de ce garçon au toupet sans limites.

François Hollande refusera, jusqu'à l'aveuglement, de prendre la mesure des gestes émancipatoires de son « chouchou ». Y compris lorsque ce dernier crée En Marche !, en avril 2016. Un intitulé qui ne laisse plus de place au doute.

Manuel Valls alors a eu beau gesticuler, pester, demander en vain au président de sanctionner l'impertinent, François Hollande n'entend pas la colère de son Premier ministre et repousse ses funestes prédictions. Spécule-t-il alors sur un affrontement qui neutraliserait ces deux vanités ?

Il a été à bonne école avec François Mitterrand qui dégustait avec gourmandise cette cuisine où les ambitions se percutent, se combattent, s'annihilent. Il n'écoute alors que les mots complices susurrés à l'oreille par son si jeune ministre de l'Économie. Et se retrouve en ce garçon enthousiaste toujours prêt à délester l'air par une saillie bien sentie.

Hollande est sous le charme. Sous le charme aussi de Brigitte Macron, de ce couple qui l'intrigue. Tout juste élu, n'avait-il pas apprécié la repartie de son jeune conseiller élyséen ? À la table d'Angela Merkel à Berlin, à la mi-mai 2012, Emmanuel Macron s'était gentiment moqué, selon *Le Point*, en soulignant que le chef cuisinier de la chancellerie, qui avait déjà fait un stage à Paris, mériterait bien d'en faire un second !

L'impertinence a bluffé le président. « Il a voulu avoir avec Emmanuel la relation presque filiale qu'il aurait tant aimé avoir, lui-même, avec François Mitterrand », soupire l'un de ses ministres.

Pour l'heure, en ce printemps 2016, Macron s'applique encore à le rassurer. Il lui jure mordicus, dans leurs amicaux tête-à-tête, que son mouvement ne sera qu'un aspirateur à indécis. Un moyen de capter tous ceux qui ne votent plus depuis des lustres. Une organisation citoyenne en quelque sorte, pour redonner de l'oxygène à une République essoufflée.

La présence de personnalités politiques comme Gérard Collomb, François Patriat ou Richard Ferrand n'alerte pas plus le chef de l'État.

Il ne verra pas venir ce boulet incandescent, jusqu'à ce que son ministre lui présente sa démission fin août 2016.

Une résistible ascension ?

Ah, la belle image, sitôt la porte du ministère claquée, d'un presque candidat, goûtant à Châlons-en-Champagne du « Macron président ! » jurant avec les salves rageuses d'une hollandie tout juste abasourdie par une telle rouerie. Des mois déjà que Macron a pourtant décidé de créer cette structure qui porte ses initiales.

En Marche ! est officiellement lancé le 6 novembre 2016 à Amiens, sa ville natale. C'est là, devant Brigitte et un parterre d'amis – la presse a, elle, été tenue à distance –, que le ministre de l'Économie promet une structure politique nouvelle. « Je pense qu'on peut par ce mouvement refonder par le bas », clame-t-il.

Une grande marche est promise. Des bénévoles vont se rendre au contact des Français. Objectif : cent mille rencontres.

« OK, il découvre le porte-à-porte, génial... ! Et quoi d'autre ? » ironise un « vallsiste » exaspéré par des articles bientôt pléthoriques sur le phénomène Macron. Il est vrai qu'en son temps Ségolène Royal avait mis en œuvre une forme de démocratie participative. Bertrand Delanoë puis Anne Hidalgo s'y sont aussi attelés depuis longtemps à Paris.

Qu'importent les railleries des caciques de la politique, Macron trace son sillon. Des questionnaires par milliers et dûment remplis remontent à Paris pour être moulinés dans un logiciel qui repère notamment les mots-clefs. Ce procédé utilisé par Barack Obama pour sa première campagne victorieuse a fait ses preuves. « Nous sommes partis du principe qu'il fallait arrêter de "baby-sitter" les gens, raconte Corinne Versini, la référente d'En Marche ! dans les Bouches-du-Rhône. Qu'ils étaient capables de dire ce qui dysfonctionnait et de porter un diagnostic. »

À l'issue de cette grande marche, des ateliers se réunissent dans des cafés pendant toute la campagne présidentielle. Ou dans les propres appartements des bénévoles. On y croise souvent des novices en politique, et foule de jeunes. Les propositions vont de l'intérêt très particulier, comme la création de goûters citoyens ou d'ateliers de réalisation de CV, à des perspectives collectives plus ambitieuses.

« Nous n'avons pas de locaux, mais du moment que nous payons notre verre, les brasseries nous acceptent », s'amuse la responsable locale du mouvement macronien et patronne marseillaise de la société de biotechnologies Genes'Ink. Des groupes d'experts se forment aussi pour offrir au futur candidat à la présidentielle des notes synthétiques et des propositions concrètes en matière de santé, de fiscalité, de développement durable...

Certains, séduits par l'aventure à ses débuts, prennent leurs distances. C'est le cas du romancier et citoyen engagé Alexandre Jardin. « J'ai d'abord cru à sa volonté de vouloir dépasser le système », livre-t-il. Le candidat d'En Marche ! l'a, nul doute, déçu. « Je juge les hommes politiques sur leurs actes, confie-t-il. S'ils ne font rien pour autrui, je ne les crois pas. Jean-Louis Borloo a fait des choses en tant que maire. L'agence nationale pour la rénovation urbaine qu'il a soutenue en tant que ministre a vraiment reconstruit des quartiers et il œuvre aujourd'hui très concrètement pour l'électrification de l'Afrique. Je n'ai pas donné à Emmanuel Macron les raisons de mon éloignement, mais je pense qu'il a compris. »

Plus l'échéance approche, plus l'homme du renouveau séduit pourtant, inlassablement. « Qu'est-ce que tu fous avec Macron ? »

Le SMS est signé Rama Yade, envoyé à un ancien élu francilien et « républicain » qu'elle connaît bien. Patrick Toulmet, patron de la chambre des métiers de Seine-Saint-Denis, a « craqué » pour Emmanuel Macron. À la peine, l'ex-égérie de la sarkozie enfuie de ses dernières écuries regarde bien sûr d'un mauvais œil ces ralliés, et surtout ce junior de la politique, qui lui pique à sa façon son créneau d'« une France qui ose ».

Pas bien grave, si le projet présidentiel de Macron, plus ou moins neuf, s'égrène lentement. Si l'homme quasi providentiel a moins de programmes qu'« une machine à laver », selon la facétieuse expression de Charline Vanhoenacker.

Macron s'amuse même de la trouvaille de l'humoriste de France Inter. Et, surtout, engrange… les déçus d'une droite morcelée, les « vallsistes » sonnés, des « juppéistes » qui l'ont tout autant été, les écologistes progressistes, et même quelques « le mairistes » égarés. Et bien sûr ces cent soixante mille « marcheurs » déjà en route à trois mois du scrutin. Il faut dire que, « trois minutes seulement », sans même débourser un centime, suffisent à faire de vous un adhérent !

Or, le héraut de tout ce vaste monde qui consulte à tout-va, y compris DSK, est bien contraint de normaliser son mouvement. De recruter de futurs disciples à l'Assemblée, de composer avec des ralliements plus encombrants, si peu synonymes de revitalisation du tissu démocratique. Les Lepage, les Kouchner... quand ce ne sont pas les magnats Bergé, Minc et Attali...

Autant de figures qui ont déjà soutenu un peu tout le monde – celles d'un monde ancien que l'ex-ministre de trente-neuf ans prétendait balayer. Sans compter tous ces parlementaires socialistes, inquiétés par cette gauche écartelée après la victoire sans appel de Benoît Hamon, prêts à débarquer.

Il n'y a guère longtemps, la machine Macron, pourtant bien rodée, révélait au mieux quelque décontraction, au pis de l'impréparation. En cet automne 2016, alors qu'il vient de postuler à la fonction suprême, place à l'improvisation même. Alors que son premier déplacement de campagne à Marseille s'achève, un dîner est organisé en centre-ville. La référente départementale d'En Marche ! a opté pour le restaurant La Villa. Chefs d'entreprises et associatifs de la région sont réunis pour l'occasion. Le couple s'apprête à s'installer lorsque Brigitte Macron est interpellée par sa voisine de table, Sabrina Roubache, productrice, entre autres, de *Marseille*. La série, avec Gérard Depardieu et Benoît Magimel, diffusée par la chaîne Netflix, a été tournée dans la cité phocéenne.

« Je devais passer la soirée avec mon amoureux et nous avons préféré venir vous rencontrer. Mais il se retrouve à l'autre bout de la table, alors que vous avez la chance de dîner à côté de votre mari », ose la pétillante jeune femme connue pour son parler *cash*. Qu'à cela ne tienne, Brigitte lui propose de bousculer sur-le-champ le plan de table pour rapprocher son compagnon, le professeur de droit Jean-Philippe Agresti. La glace est rompue et la conversation tourne très vite autour de l'enseignement, forcément.

Les Macron en campagne sont aussi curieux de connaître la spécificité des quartiers réputés difficiles à Marseille. Sabrina Roubache est née dans la cité Félix-Piat, « l'un des territoires les plus pauvres d'Europe », témoigne-t-elle. La productrice leur explique sa démarche visant à créer de l'emploi dans ces quartiers déshérités. Les tournages en sont un moyen, car ils en appellent à certains petits métiers qui exigent peu de qualifications. Entre l'entrée et le poisson, Brigitte Macron fait part de ses propres convictions. Elle est convaincue notamment que ces jeunes en difficulté méritent eux aussi d'étudier des textes difficiles. Que le nivellement par le bas ne produit rien de bon, qu'il faut faire confiance à la jeunesse, lui donner le goût du travail. À l'instar de son mari candidat. La soirée s'achève. Tout le monde se tutoie.

Les jours passent. Sabrina Roubache reçoit un coup de fil de ces voisins de table d'un seul soir : « Nous voulons te proposer d'intervenir sur scène en ouverture du premier meeting d'Emmanuel à la porte de Versailles. Ce sera sûrement l'un des plus importants de la campagne. Tu n'es pas obligée de dire oui. De toute façon, on va rester très copains, très longtemps. » Aucune consigne : « Dis ce que tu veux, parle de toi et passe ton message », lui glisse simplement Emmanuel.

Sabrina Roubache lui envoie quelques notes deux jours avant le grand événement. Le 10 décembre, cette néophyte en politique intervient sur la scène de la porte de Versailles au même titre que Richard Ferrand, le numéro 2 d'En Marche !, ou l'ex-ministre Renaud Dutreil. En total *freestyle*, sourit-elle aujourd'hui. Un terme qui va si bien à son champion, toujours prompt à casser les codes.

L'homme qui tutoie à tour de bras veut tout dépoussiérer, décorseter. Derrière cette constante urbanité, cette promiscuité souvent tactile, de quoi Emmanuel est-il vraiment le prénom ?

Nicolas Sarkozy, non plus, n'avait pas son pareil pour alpaguer son monde, la tape dans le dos ou le bras sur l'épaule. La simple traduction, sans doute, de ce caractère si brut, un rien premier degré parfois.

Le jeune homme rangé, capable de folle passion, parle lui aussi beaucoup, touche beaucoup, mais dit peu. Et ne trahit pas forcément ce qu'il ressent. Une élue socialiste va jusqu'à s'étonner, paradoxalement, de sa manière « de ne pas regarder les femmes comme les autres hommes politiques ». Non pas qu'elle goûterait ces regards parfois licencieux ou souvent misogynes, dont ces derniers sont souvent coutumiers. Mais, à l'entendre, sa manière différente d'approcher les femmes de l'Hémicycle alors qu'il se bagarre pour sa loi, tranche tant avec les us habituels du sérail. « Il a un côté asexuel », ose-t-elle.

Même constat côté hommes. « Il ne les regarde pas plus », souligne, catégorique, un journaliste qui le suit. Sans ambages, un éminent socialiste tranche : « Il n'a pas d'affects. » Un clone, en somme, de François Hollande ? Un homme toujours prompt à charmer, à ravir son auditoire, mais qui serait terriblement froid, dedans.

Que chuchote seulement Emmanuel à l'oreille de Brigitte lorsqu'il découvre enfin le premier film de leur vie ? « Deux jours seulement avant la diffusion télé », glisse Pierre Hurel, le couple a été convié dans la petite salle parisienne de cinéma que possède Claude Lelouch, avenue Hoche. L'ex-ministre vient juste de déclarer sa flamme présidentielle. Emmanuel Chain, le patron d'Élephant & Cie, est là, avec Béatrice Schönberg, la productrice, ainsi que le nouveau chargé de communication du candidat, Sylvain Fort. Le couple est aux premières loges. Seul face à l'écran. Les autres, à l'arrière. Brigitte paraît émue. Son mari beaucoup moins. Il ne trahit rien en tout cas.

Sur le grand écran, il a certes découvert, semble-t-il heureux, ces photos oubliées de sa chère grand-mère maternelle « Manette ». Et s'est revu, après toutes ces années, sur cette lointaine scène de la Providence, incarnant ce fameux « épouvantail » sous les conseils de son enseignante.

À l'issue de la diffusion, il ne lâche aucun commentaire intime, mais s'enquiert de savoir si le documentaire a plu... à son auteur ! L'affable

Macron n'a pas son pareil pour ne rien laisser paraître.

Une impossibilité à toute épreuve. À la même période, fin novembre 2016, une vingtaine d'employés de la Fnac des Ternes, à Paris, l'invectivent presque deux heures durant. Le « révolutionnaire » est venu dédicacer son opus de campagne dans ce quartier bourgeois. « Macron imposteur ! » ; « Les banquiers en prison » ; « Macron, si tu savais ta révolution où on s'la met ! » hurlent-ils dans leur mégaphone. Et lorsque ces agitateurs revendiquent bruyamment leur slogan : « La retraite à cinquante ans ! », lui murmure devant sa pile de livres mi-ironique, mi-condescendant : « Eux, ils ont tout compris ! »

Imperturbable, l'ex-ministre de l'Économie enchaîne les signatures dans ce tintamarre. Il donne le change, prend le bras de chacun, pose parfois quelques questions sur leur vie, leur profession, et offre de chaleureuses dédicaces. « Avec toute mon affection », écrit-il bien souvent à ces parfaits inconnus, avant de parapher ces quelques mots de sa signature ascendante.

Comme dans sa prime adolescence, l'homme, si avenant, a peu d'intimes. « Il n'a pas beaucoup d'amis parce que c'est un affectif justement », corrige un proche d'En Marche !. Tiphaine Auzière, elle, ne comprend guère les doutes suggérés par les antagonismes apparents de son beau-père.

« Sa personnalité suscite pas mal de fantasmes et d'interrogations. Les gens cherchent toujours quelque chose derrière son côté jovial, confie-t-elle. Mais il est spontanément comme cela, même s'il peut se montrer très ferme quand la situation l'impose et quand on critique sa famille. »

Naturellement enjoué, il passe le début de ses courtes nuits à inonder tout le monde, proches et moins proches, d'un torrent de SMS. « Entre minuit et 2 heures du matin, c'est un feu d'artifice ! » racontent-ils à l'unisson.

Il n'oublie pas un petit mot doux aux uns et aux autres, comme certains soigneraient banalement leur réseau. En maillot sur sa plage du Touquet, le ministre n'hésite pourtant pas à discuter… baisse des dotations de l'État aux collectivités. Et ce pendant plus d'une heure, avec une simple relation du coin presque gênée de tout ce temps accordé.

« Emmanuel n'est pas dans la posture », renchérit son alliée, la députée bretonne Corinne Erhel. Le presque quadra en agace pourtant plus d'un par sa gentillesse supposée qu'ils imaginent en partie fabriquée – comme savent le faire si bien ses homologues du pouvoir. « Il est en réalité très perso, mais a ce réflexe de séduction automatique, charme tout le monde, et glisse sur les choses comme sur de l'écume », tance la députée des Hautes-Alpes Karine Berger. Elle l'a vu faire, malgré maintes absences à l'étranger pour ses « *deals* » de banquier, alors qu'ils planchaient ensemble, avec des économistes tel Philippe Aghion, sur le programme économique du candidat Hollande.

Son ex-« camarade » de l'ENA et député LR, Julien Aubert, ne dit pas autre chose. À l'opposé de ses convictions, l'étudiant voulait voir ce que son compère, « brillant », de la même promo « avait sous le capot ». Malgré leur pot sympathique sur les rives de la Petite France, à Strasbourg, le politique conclura, au fil de l'eau : « Emmanuel est un surfeur. » « Un type sociable, mais solitaire, qui se tient toujours à distance », note aussi l'élu du Vaucluse.

Patrick Toulmet, lui, fait partie des convaincus, émotionnellement. Politiquement aussi, donc. Le délégué national d'En Marche ! n'a pas oublié les attentions du ministre d'alors. Se souciant, comme aucun autre, des petits et grand tracas de la vie quotidienne, lorsqu'on vit, comme cet ancien militant UMP, dans un fauteuil roulant. « T'agis comme ça ? T'es comme ça toi ? » demande-t-il, intrigué, à Macron, lui que « personne n'impressionne ». Le ministre l'avait convié à Bercy pour faire plus ample connaissance et échanger sur l'apprentissage. Toulmet connaît la question sur le bout des doigts.

Il l'aime, Emmanuel, pour son intelligence, ses « expressions rabelaisiennes » aussi. Il en a vu défiler des politiques pourtant. Mais là, confesse-t-il, « c'est différent ». Un jour, l'ex-conseiller régional, qui a vécu l'autisme et ses douleurs de très près, emmène le candidat, sans presse ni caméras, dans un foyer du Val-d'Oise accueillant des malades. Le couple Macron y reste plus de trois heures, à comprendre, à écouter. Emmanuel est chamboulé. « Je ne l'avais pas fait pour le tester, si je puis dire ; mais là, j'ai vu dans ses yeux qu'il ne trichait pas. » À Brigitte et Tiphaine, il propose dès lors de faire découvrir son centre de formation de Bobigny, ce monde des « bac + 6 aux bac - 12 », des apprentis souvent guère nantis. L'épouse, curieuse, est preneuse.

Macron, qui, déjà, a endossé son costume – gris – de candidat, et remisé ces petits sourires en coin esquissés parfois, joue (ou non) les « bons garçons », comme lui avait lancé un agriculteur lors d'un déplacement.

« Avec lui, les gens se sentent écoutés. Ce n'est pas un animal froid ; j'ai croisé tant de gens ivres d'eux-mêmes ! » assure le « marcheur » Renaud Dutreil, qui a traversé la chiraquie et travaillé, ces récentes années, pour le géant du luxe LVMH, outre-Atlantique.

Même certitude dans la bouche de son proche ami Marc Ferracci, qui connaît le « personnage » depuis plus de vingt ans : « Ceux qui le voient comme un Narcisse se trompent d'analyse. »

L'« animal froid » ou tiède ne s'est-il pas enflammé comme personne lors sa première démonstration de force, porte de Versailles, en décembre dernier ? Devant ses nouveaux apôtres par milliers, il croise alors les mains, comme une prière, pose quelquefois les coudes sur son pupitre pour donner à sa parole plus de poids et de solennité. L'œil se fait humide, le timbre tremblant d'émotion, lorsqu'il évoque une petite fille rencontrée dans un quartier sensible de Moselle. Elle lui a dit un jour vouloir être traductrice, non pour voyager, mais pour aider sa mère à comprendre le monde d'à côté.

L'homme de théâtre ménage ses effets, fait affleurer, durer l'émotion. Puis vient l'apothéose. Christique. Ses bras écartés, en croix, et la voix qui s'élève, jusqu'à dérailler. Les réseaux sociaux, les chansonniers le caricatureront à l'envi... en Leonardo DiCaprio à la proue du *Titanic* – pis, en ado en train de muer ou en chat qu'on écorche.

Même dans sa belle-famille, on a fini par en rire : « La parodie de Mathieu Madénian montrant des bénévoles d'En Marche ! faisant du porte-à-porte en hurlant comme Emmanuel à la fin de son discours nous a beaucoup amusés », raconte Tiphaine Auzière.

Peu importent les railleries, le meeting a marqué. Et intrigué une opinion dès lors apprivoisée.

Limpides… ou insaisissables sur la forme, les contours politiques, d'emblée, demeurent trop flous pour beaucoup. Les angles d'attaque ne manquent pas, mais l'homme sait jouer à gauche, à droite, au centre… Bref, sur tous les fronts. Pas si simple, donc. Marine Le Pen qui ne l'avait pas vu venir, à la mi-novembre encore, balayait d'un revers de main le danger. « Sa candidature ne me gêne pas », tempérait en aparté la présidente du FN à son QG.

À l'hiver 2017, la sémantique a changé, depuis que les sondages pressentent, avec lui, un duel au second tour. La graine de star est comparée à Justin Bieber, mais surtout, Macron est pour les frontistes une parfaite incarnation de cette « UMPS » tant décriée. L'ami des banquiers, « la gauche du fric », le symptôme même de cette collusion entre le politique et la finance. S'il y a bien une pléiade de gens aisés à ses côtés, « c'est assumé ; mais il n'est pas là pour défendre une caste financière », défendait à la fin de l'été 2016 le député Arnaud Leroy, exilé du camp Montebourg.

« Il est très fort pour gommer ce qu'il est : un énarque, haut fonctionnaire, inspecteur des finances. Il n'a passé que trois-quatre ans dans le privé, or il se fait passer pour un entrepreneur ! » s'agace de son côté le député Les Républicains Thierry Solère, maître d'œuvre de la primaire de droite.
Un ministre de la gouvernance Hollande s'exaspère de son côté caméléon – citant Pierre Mauroy parce qu'il est à Lille. Et Mitterrand, parce qu'il « visite » Nevers. Fût-il par ailleurs « un fin connaisseur de la carte électorale, du moindre élu de province comme l'ancien président socialiste », raconte Renaud Dutreil, encore bluffé. « Personne n'est capable de résumer sa vision politique, fustige ainsi ce hiérarque du PS. C'est un excellent artiste qui a magnifiquement joué sa pièce depuis le début. »
Son ancien ami d'Henri-IV, Brice, semble lui aussi paraphraser la critique : « N'est-il qu'un arriviste comme beaucoup ? Il est si habile. Sa force, c'est son langage ; il peut être malin pour s'approprier ou emprunter n'importe quel discours. » Jouer un rôle en somme. Emmanuel Macron n'avait-il pas glissé à des proches, après s'être regardé dans

La Stratégie du météore, sa crainte qu'on ne le prenne un peu trop pour un acteur ?

Début février, le premier rôle de sa vie – qui sait ? – n'est peut-être plus si loin. Tous ou presque le jalousent. La saison en enfer de François Fillon le propulse de manière inespérée. Il sait qu'il va falloir tenir. Outrepasser quelques attaques fielleuses d'élus de droite accusant l'Élysée d'avoir participé à la manœuvre anti-Fillon pour favoriser Macron. Dépasser, aussi, les virulences d'une Christiane Taubira « atterrée » par l'effet Macron auprès des jeunes, ou de son rival adoubé par le PS. À peine intronisé, Benoît Hamon exhorte à garder raison, à ne pas courir après ces « jeunes guépards du système touchés par la grâce ». Le fauve Macron doit enfin dérouler, de façon plus acérée, ce contrat national promis.

Il lui faut s'acheter une plus belle image encore, aussi lisse que sa quatrième de couverture. Enterrer les derniers reliefs de polémiques pas si lointaines, et faire taire pour de bon « la » rumeur avant d'en conjurer d'autres, sans doute. La vie d'un candidat « normal ».

Folle rumeur

Emmanuel Macron sait que toute sa vie est désormais scrutée. Le 31 mai 2016, Mediapart et *Le Canard enchaîné* écrivent que le ministre a sous-estimé son patrimoine, en réalité au-dessus du seuil de l'ISF. Interrogé en marge d'un déplacement à Valenciennes, il contre-attaque : « Je n'ai fait l'objet d'aucun redressement fiscal et je ne compte pas devant vous, contrairement manifestement à ce que certains services ou certains responsables ont décidé de faire, briser le secret fiscal pour ce qui me concerne. »

Le locataire de Bercy a vite régularisé sa situation. Mais il se sait désormais dans le collimateur d'hommes puissants. « Je ne suis dupe de rien, sachez-le, ajoute-t-il devant les caméras. Le fait que ces derniers jours il y ait un emballement sur à peu près tous les sujets pour essayer de me déstabiliser, me fragiliser, penser sans doute salir l'action qui est la mienne. Je ne suis pas naïf […]. Il n'y a pas de coïncidences dans la vie, en tout cas, moi, je n'y crois pas. »

Le Point rapporte que l'un des proches de Macron se croit même épié par des hommes de Manuel Valls, avant l'été, lorsque le mouvement En Marche ! se structure. Quelques mois plus tard, en septembre 2016, une fois le gouvernement quitté, Emmanuel Macron enfoncera le clou dans *L'Express*, se posant une nouvelle fois en victime : « J'ai l'impression que certains m'ont déjà mis dans l'essoreuse. Je ne connais pas beaucoup de gens de trente-huit ans dont la vie privée, familiale, patrimoniale a fait l'objet d'un tel déballage. »

La violence de cet univers a, il est vrai, de quoi dérouter. Myriam El Khomri, accompagnée de son conjoint, n'a pas oublié ce déjeuner à Bercy avec les Macron. Ils avaient alors été d'un beau réconfort. En plein débat sur sa loi, elle avait déjà eu droit à une manifestation devant l'école de ses filles. Et découvert un « sale Arabe » sur la boîte aux lettres de son domicile. « On est très seuls au pouvoir face à ce genre de choses, raconte Myriam El Khomri. Lors de cet échange amical, il avait été question de l'importance de se ménager des espaces de bienveillance. »

La vie politique – les Macron ont vite été mis au parfum – se nourrit de vraies informations opportunément divulguées à la presse, mais aussi de bruits et de chuchotements insidieux.

Ceux qui visent l'ancien banquier à l'ascension trop irrésistible à leur goût ont commencé à s'égosiller dans les dîners parisiens.

Les uns jurant ainsi que le couple formé avec Brigitte ne serait que couverture. Qu'il serait davantage séduit par les hommes que par les femmes. Les autres croyant même pouvoir avancer qu'il fréquenterait le patron de Radio France, Mathieu Gallet. Même air juvénile, même sourire carnassier, même volonté de brûler les étapes, même ambition assumée, même allure dans leurs costumes ajustés. Ces deux-là seraient bien ensemble : un ami d'un ami n'aurait-il pas vu le patron de la radio du service public arriver en voiture à Bercy... à 23 heures ? Et une partie de la communauté gay de s'insurger déjà, dans les dîners : « Si c'est vrai, il ferait mieux d'arrêter de communiquer à outrance sur son couple, car cela va lui exploser au visage et ce sera bien fait ! »

Nicolas Sarkozy lui-même, en mai 2016, y est allé de sa petite perfidie en lâchant à son propos au *Point* cette formule pleine d'ambiguïté : « Que voulez-vous que j'en pense ? Il est cynique, un peu homme, un peu femme, c'est la mode du moment. Androgyne. Ce qui vous plaît chez Macron, c'est que vous aimez toujours ceux qui ne vous obligent pas à choisir. »

Un côté « ubersexuel », pour celui qui s'escrime à « ubériser » la politique. Et le clan Macron de dénoncer une figure du Paris des affaires, chargée de lever des fonds pour la campagne de l'ancien président. Un ancien énarque, passé par l'inspection des finances... comme un certain Macron, mais vingt ans plus tôt. Le lobbyiste chevronné, homosexuel revendiqué, répandrait abondamment la rumeur dans les dîners en ville. Le gay pouvoir, comme on l'écrit, sûrement à tort, se gargarise en tout cas de cette prétendue réalité qui serait dissimulée.

Au début de l'été, Emmanuel Macron n'y tient plus. Il se rapproche d'amis de l'ancien chef de l'État pour faire passer le message. Tout cela doit cesser. L'hommage national rendu à Michel Rocard, le 7 juillet 2016, dans la cour d'honneur des Invalides, sera l'occasion pour lui de croiser Nicolas Sarkozy, soupçonné d'alimenter les doutes, et d'échanger avec lui quelques bribes à ce sujet.

Par ces ragots avertis, les paparazzis ne lâchent dès lors plus la proie Macron. La publication des photos de François Hollande dans *Closer* en janvier 2014 et la révélation de son idylle avec Julie Gayet ont ouvert les vannes. Sans oublier ce week-end viennois du frontiste Florian Philippot shooté aux côtés de son compagnon, à la une de *Closer* toujours. Une première dans le milieu politique, jusque-là préservé de ce type d'« *outing* » sauvage.

Des chasseurs d'images se mobilisent vingt-quatre heures sur vingt-quatre pour suivre à la trace un Macron à la double vie présumée. L'un d'entre eux admet avoir passé six longs mois à traquer le moindre pas du futur candidat à la présidentielle. Rien. Si ce n'est une accolade à un ami au sortir d'une voiture.

Maigre bilan, bien sûr, d'autant que l'on sait le ministre plutôt tactile. Il n'hésite pas à étreindre ses proches ou à prendre le bras de ses interlocuteurs pour mieux les faire adhérer à ses propos. D'autres photographes encore rivés à cette nouvelle cible confirment n'avoir rien pu trouver de compromettant.

Les Macron, de tous ces bruits renseignés, auraient pu laisser passer l'orage. Ils ont opté pour une tout autre attitude, affrontant frontalement ce douloureux problème : « Ça, c'est moderne ; je trouve ça génial de mettre tout sur la table », vante la sarkophile Patricia Balme, figure de la communication politique, séduite par Macron. Et bien décidée à le faire profiter de son puissant réseau.

Pas un dîner à Bercy sans que le couple n'aborde la rumeur avec ses interlocuteurs et qu'il se défende. « Brigitte sait tout de moi, je ne vois pas comment je pourrais avoir cette vie parallèle », assène ainsi Emmanuel. Selon plusieurs témoins de ces épanchements de fin de soirée, l'homme déplore, bien sûr, ces échos délétères, mais semble moins blessé que son épouse, fatiguée des ragots. « Il ne comprend pas que je m'arrête à ça », confie Brigitte Macron, visiblement peinée par tant d'infamie. Même si, de son propre aveu, la question de l'homosexualité n'est en rien taboue. Un non-sujet pour le couple.

« Elle déteste la violence, souffle l'un de leurs amis. Cela continue de la surprendre, de la meurtrir profondément. » L'animateur Bernard Montiel a beau lui raconter, lui redire ces affres dans lesquels la rumeur avait plongé son amie Isabelle Adjani, rien n'y fait.

Difficile pour la novice, si peu familière du barnum politique, d'en saisir encore tous les pièges. Pourtant, à l'entendre, elle se méfie comme personne de la nature humaine. Un rien stressée, en outre, lorsque le « Pénélope gate » éclate et s'amplifie. Elle qui peut-être, jouera les *first ladies* à l'Élysée scrute ces péripéties autour de Fillon et de son épouse. Comme en miroir de ce qu'elle pourrait – qui sait ? – avoir un jour à endurer.

Pour circonscrire l'incendie, Brigitte Macron s'était décidée à raconter son histoire pour la première fois à la « vaticaniste » de *Paris Match*, la journaliste Caroline Pigozzi, au printemps 2016. Album de photos familiales à l'appui, elle a voulu démontrer tout ce que leur histoire avait de construit, de solide, de réel. Sur ces clichés publiés en grand format par l'hebdomadaire, le couple est joue contre joue à un concert de U2 à Paris-Bercy. Fait un selfie dans sa station de ski fétiche où il aime à se ressourcer. Lunettes de soleil sur le nez, Brigitte embrasse Emmanuel sur la joue. Dans ce pêle-mêle fourni par le couple, ce dernier apparaît, tout sourire, manches retroussées, donnant le biberon à l'une des petites-filles de Brigitte, Élise, encore bébé. On le voit enfin s'amuser dans leur maison du Touquet avec leur chien Figaro. Un reportage millimétré, qui ne laisse rien au hasard. Mais donne, comme sur cet autre cliché, l'image d'un couple heureux enlacé au Salon du livre par Jean Lassalle le berger-député des Pyrénées-Atlantiques.

Une dernière image de cette hagiographie assumée, les exhibe, sur leur trente et un, à l'issue d'un défilé du 14 Juillet. Ils avancent d'un pas sûr, absorbés par leur conversation. En marche donc.

« Sa première décision d'homme a été de l'épouser », lit-on en légende. Qu'importe si, selon les détracteurs de cette épouse à l'influence prétendument excessive, « ce fut sûrement aussi la dernière décision qu'il a prise librement dans sa vie ».

Tous ces efforts ne sont pas totalement récompensés. Mais ils ont au moins le mérite d'ancrer dans l'opinion ce couple si différent, si conquérant. La rumeur, inéluctable, fait son œuvre, bien loin des cénacles parisiens. Et inonde aussi la Toile, qui l'alimente sans fin.

Qui ignore encore que Mathieu Gallet et Emmanuel Macron forment un couple ? De la France virtuelle à la France d'en haut, les médisances s'immiscent, partout. L'ami de longue date Marc Ferracci lui-même en a fait l'expérience. Alors qu'il dîne en très bonne compagnie, l'économiste écoute les convives, entre la poire et le fromage, évoquer le cas Macron.

Très peu, autour de la table, savent les liens qui unissent Ferracci au candidat. Un invité se lance : « J'ai bien envie de voter pour Macron, mais ça m'ennuie qu'il n'assume pas son homosexualité. » Malaise. L'éminent prof de fac, qui a eu droit aux honneurs de *L'Express*, se jette à l'eau. Sa femme travaille avec Emmanuel, c'est elle qui construit l'agenda heure par heure, elle serait peut-être informée s'il avait une double vie, lui oppose alors en substance le conjoint de Sophie Ferracci – l'avocate a été chef de cabinet d'Emmanuel Macron à Bercy et travaille à ses côtés au sein d'En Marche !. L'argument a-t-il seulement convaincu ces invités d'un soir ?

Le politique qui court vers l'Élysée a bien conscience qu'il ne peut plus longtemps laisser ces scories qui n'en sont plus parasiter sa campagne.

Le 2 novembre 2016, c'est paradoxalement sur le site de Mediapart, qui l'a longuement convié pour dérouler les premiers angles de son programme, qu'il frappe. Fort. « Je le dis très simplement... Que ceux qui s'amusent à faire ça se fatiguent. Moi, en tout cas, je ne changerai pas de vie pour eux. Je n'ai pas de double vie. Et je tiens plus que tout à ma vie maritale et familiale. » Et d'accuser au passage ceux qui, « à gauche et à droite », colportent « toutes ces rumeurs », dans les dîners en ville.

Deux mois plus tard, alors que son mari bat la campagne, Mme Macron profite de déplacements en province pour entreprendre les journalistes chargés de le suivre. « Lorsque la campagne va s'accélérer, j'ai peur que les rumeurs ressurgissent », s'épanche-t-elle auprès de reporters quelque peu interloqués d'entendre de la bouche d'une femme de candidat ces propos si libres, sinon embarrassants. L'entourage d'Emmanuel Macron fait de même. Pestant auprès de la presse contre une élue socialiste en vue, et un ex-poids lourd du gouvernement qui souffleraient en coulisses sur les braises. Ce ministre aurait affirmé dans un déjeuner de journalistes : « Jamais les Français n'éliront un homo », selon le clan Macron prestement informé.

« On a tout entendu, soupire un proche du candidat d'En Marche !. Qu'Emmanuel aurait fait de mystérieux voyages en Afrique ou qu'il choisirait ses amants à l'Opéra de Paris ! » Drôles de confidences venues d'un camp souhaitant s'emparer de la rumeur pour mieux poser en victime son champion… ou véritables attaques fielleuses d'adversaires, prompts à interrompre les prémices d'un triomphe ? Plus simple, peut-être, et plus triste encore. L'impossibilité pour beaucoup à concevoir qu'un politique à la jeunesse éclatante puisse aimer – sans trahir – une compagne de vingt-quatre ans son aînée. « Emmanuel est beau. Il est jeune et *successful*. Il pourrait avoir qui il veut… et il a choisi de rester fidèle à une femme plus âgée que lui. Cela intrigue, reconnaît un membre de son entourage de campagne. Du coup, la rumeur des élites parisiennes rencontre les préjugés de la plèbe. »

Les Macron, qui sont bien décidés à faire un sort à ces manœuvres nauséabondes, ont pris l'habitude de se raconter chaque soir ce qu'ils ont entendu l'un sur l'autre. Mais « en évoquant ainsi la rumeur, ils l'ont empêchée de s'éteindre et lui ont donné un statut d'information », analyse l'expert en communication Philippe Moreau-Chevrolet.

Pourquoi donc avoir pris un tel risque ? « Je pense qu'ils ont été sincèrement blessés, et sous la pression, ils ont eu besoin d'extérioriser, poursuit le président de MCBG Conseil. Ils montrent aussi à leur manière que les dirigeants politiques sont aussi des hommes et des femmes qui ne peuvent pas tout le temps être dans le contrôle. » Humains, trop humains, les Macron ?

Au théâtre ce soir

Pour leur deuxième dîner d'État déjà, les Macron sont, à l'Élysée, en territoire conquis. Les rires fusent à leur table, pour ces agapes autour de la reine Maxima des Pays-Bas et de son époux le roi Willem-Alexander.

Brigitte et Emmanuel rivalisent de bons mots dans un brillant ping-pong avec leurs amis, Jean-Pierre Jouyet, éminence grise de la présidence, et son épouse, Brigitte Taittinger, tous deux aussi habitués du Touquet. Stéphane Bern, François Cluzet et sa femme, ainsi que la conseillère du président, Sylvie Hubac, ou encore le puissant mécène et ami de François Fillon Marc Ladreit de Lacharrière enrichissent cette sémillante compagnie. Le protocole élyséen a baptisé « Van Gogh » la table des convives.

François Hollande les observe, à la dérobée. Obligé de ses hôtes royaux, le monarque républicain est prisonnier de cet interminable dîner.

Lui qui aime tant plaisanter avec son ministre de l'Économie n'a qu'une hâte : aller saluer chacun de ses hôtes d'un soir, s'attarder auprès de ce couple enjoué.

S'approchant d'eux, il constate avec un sourire entendu qu'à cette table l'ambiance est plus folle qu'à celle des « Hollandais ». « Il y a pourtant de nombreux Hollandais ici ! » réplique, avec une insolence bonhomme, Stéphane Bern.

La conversation, légère, s'étire au fil de la nuit. Les Macron et les autres décident du coup de pérenniser l'expérience « Van Gogh ». Ils embarqueront tous ensemble pour une exposition au Grand Palais, et prolongeront cette équipée complice, en alternant chez les uns et les autres des dîners appelés bien sûr du nom du peintre.

Quelques semaines après cette soirée élyséenne, on murmurera pourtant que François Hollande est en froid avec son jeune ministre. Stéphane Bern note cependant avec malice que la relation, alors, n'est en rien tempétueuse quoi qu'en disent alors les chroniqueurs politiques. L'animateur passera du reste un délicieux moment à Bercy, quelques semaines plus tard, avec le président, Julie Gayet, sa compagne, et les autres habitués des soirées « Van Gogh », invités de Brigitte et Emmanuel Macron. Une de ces dizaines de soirées organisées par le couple dans ce grand édifice de verre...

Un train de vie, des frais de représentation surtout, scrutés à la loupe par une enquête journalistique et une opposition de droite, forcément aux aguets à quelques semaines de l'échéance présidentielle. En seulement huit mois de ministère, en 2016, le locataire de Bercy aurait dépensé 80 % de l'enveloppe allouée, soit 120 000 euros sur les 180 000 euros annuels autorisés.

Malgré le démenti immédiat et étayé du fondateur d'En Marche !, en janvier dernier, récusant tout « centime » dépensé pour de futurs « marcheurs », le livre de Frédéric Says et Marion L'Hour *Dans l'enfer de Bercy*[1] pointe notamment des frais de bouche qui seraient exorbitants pour de seuls dîners « en bonne compagnie », pas toujours du monde de l'économie.

Un peu comme ces jeunes branchés qui se targuent d'enchaîner plusieurs soirées en quelques heures, les « *before* » et les *after* d'« *after* », le couple Macron convie parfois deux fois le même soir...

---

1. Frédéric Says et Marion L'Hour, *Dans l'enfer de Bercy. Le vrai pouvoir du ministère des Finances*, Éditions Jean-Claude Lattès, 2017.

Le rituel est immuable. L'épouse du ministre accueille elle-même ses hôtes dans les appartements de Bercy. Les dîners confinent à l'intime, huit personnes tout au plus. Mme Macron privilégie le moment de l'apéritif pour faire les présentations et briser la glace. Elle n'a pas d'égale pour dénicher l'anecdote qui mettra un invité en valeur et rendra l'air plus léger. Et ne manque jamais, avant qu'on ne quitte la table, de faire venir le chef ou le pâtissier, pour vanter son talent.

Le charme de son couple fait le reste. Il est question de tout sauf de politique à moins que quelque hôte n'en ait fait la requête. Brigitte s'attarde parfois sur l'un de ces repas sans âme auquel elle a dû consentir : « On a dîné avec un tel l'autre soir, c'était d'un ennui : on préfère vraiment être avec vous ! »

À leur table se retrouvent souvent des gens de théâtre, des écrivains, des acteurs. La chanteuse Line Renaud, les romanciers Philippe Besson ou Michel Houellebecq, les journalistes Cyrille Eldin, Marc-Olivier Fogiel, le producteur de Nicolas Canteloup ou Alex Lutz, Jean-Marc Dumontet, les comédiens Pierre Arditi et son épouse Évelyne Bouix, Arielle Dombasle, François Berléand, Guillaume Gallienne et Christian Hecq de la

Comédie-Française, Fabrice Luchini et sa compagne… « Ça fait peut-être un peu beaucoup », ironise une ministre de François Hollande, sourcilleuse de payer, elle, le plateau-repas de son conjoint.

En tout cas, tout cela est inédit à Bercy depuis le passage de Nicolas Sarkozy, en 2005. Aux côtés de sa seconde épouse Cécilia, il aimait à l'identique s'entourer d'artistes, les Macias, Bigard, Clavier ou Barbelivien. Avant d'unir plus tard son destin à une artiste justement. Il en a tant connu, voire marié, lorsqu'il était maire de Neuilly-sur-Seine. Ministre devenu, il n'était pas peu fier de partager ainsi sa réussite du haut de ce rectangle de verre dominant la Seine. Lui, longtemps le mal-aimé des intellectuels, désormais grand argentier, pouvait enfin en remontrer.

Les Macron, eux, n'ont pas d'esprit de revanche, ni de complexe à exorciser. Ils ont fondu sur l'échiquier politique tels des météores. Et ont su, sur-le-champ, partir à la conquête du Tout-Paris. Cet univers les attire, les fascine, les mobilise.

Emmanuel, poète encore à ses heures perdues, ne s'était-il pas rêvé écrivain à l'orée de ses vingt ans ? Il avoue encore aujourd'hui qu'il publiera peut-être, un jour, ses premiers chapitres littéraires. « Il est très jaloux de sa plume », note un écrivain qui fréquente le couple et a pu lire en avant-première son ouvrage *Révolution*.

Un brin exaltée, Brigitte, en aparté, joue le suspense lorsqu'elle évoque cette littérature qui gît, pour l'heure, dans un tiroir. Passionné de théâtre, le jeune Macron a pris des leçons au cours Florent, durant ses années d'études parisiennes. Il a même passé un casting pour tourner avec Jean-Pierre Marielle, comme l'a relaté François-Xavier Bourmaud, journaliste au *Figaro*[1]. Il a enfin donné lui-même des cours de théâtre, une fois étudiant à l'ENA, à Strasbourg.

Brigitte aime, elle aussi, la compagnie des écrivains. Lorsqu'elle enseignait encore le français et le latin à Saint-Louis-de-Gonzague, il n'était pas rare qu'elle organise des rencontres entre des auteurs contemporains et ses élèves. Erik Orsenna fut l'un d'entre eux. « Elle est pétrie de références littéraires, c'est un vrai plaisir d'échanger avec elle », confie son ami romancier Philippe Besson. « Brigitte n'a rien d'une blasée, poursuit-il. Elle, qui a vécu une grande partie de sa vie en Picardie, continue de s'émerveiller des lumières de Paris. Elle a gardé sa capacité de surprise, et cela la rend touchante. »

---

1. François-Xavier Bourmaud, *Emmanuel Macron. Le banquier qui voulait devenir roi*, L'Archipel, 2016.

« Je suis un peu une Mme Bovary... », glisse-t-elle avec humour à ses nouvelles conquêtes du monde des arts. Mais une Emma Bovary qui, l'éblouissement du bal passé, réussirait à se glisser dans ce grand monde qui l'émerveille. Une Emma que Rodolphe n'abandonnerait pas. Une femme heureuse, en somme.

Brigitte Macron ne boude pas son plaisir et s'en tient à sa devise : « Une journée sans rire est une journée de perdue ! » Elle paraît bien loin son adolescence passée sous la férule des bonnes sœurs du Sacré-Cœur d'Amiens. Même si cela ne l'a pas empêchée de se « marrer », comme elle le dit.

La boutique familiale de chocolats au-dessus de laquelle elle a grandi semble à mille lieues de ce monde parisien. L'enseigne aussi, comme figée par le temps, avec sa grosse plaque de chocolat en plastique à côté du nom du patriarche décédé, Jean Trogneux.

Brigitte confie parfois à ses nouveaux amis ses lointaines douleurs d'adolescente, ces brûlures si vite inflammables. Elle fut une prof si attentive aux souffrances de ces jeunes Werther, fragiles comme le cristal.

Aujourd'hui, les Macron, vieux couple en pleine force de l'âge, ont singulièrement décidé de s'offrir une seconde jeunesse. Les voilà comme deux ados en goguette, bien décidés à profiter des feux – brûlants – de la capitale. Telles deux groupies en chasse, ils font méthodiquement le siège des artistes, dans leurs loges, à l'issue de leurs représentations. Ne jouant guère le snobisme, applaudissant les pièces classiques et les comédies de boulevard. Bien éloignées pourtant des affinités d'Emmanuel.

C'est ainsi qu'ils ont fait la connaissance de l'humoriste Chantal Ladesou, une fois le rideau tombé sur son spectacle *Peau de vache*. « Lui, on ne comprend pas ce qu'il raconte, c'est un cours de l'ENA, confie cette dernière sur RTL après cette rencontre. Et elle, elle traduit. Elle vulgarise son propos. Ils font un bon tandem ! »

Un duo efficace et chaleureux qui a aussi séduit le comédien François Berléand. Ils lui ont été présentés, alors qu'il rejoignait sa loge après avoir interprété la pièce *Momo*. Comme les autres artistes approchés par le couple, ce comédien a été frappé par leur façon de regarder les gens, droit dans les yeux, et par cette sensation de les avoir toujours connus après une seule rencontre. Brigitte Macron ne manque d'ailleurs jamais d'envoyer un petit message de soutien à ses célèbres fréquentations, lorsque paraît un article désagréable sur leur compte. « Ça va ? Tu tiens le coup ? » s'enquiert-elle immédiatement.

« Brigitte et Emmanuel sont doués pour se faire aimer », constate une récente connaissance. À côté de Line Renaud, lors d'un dîner chez des amis, l'ex-professeure a su instantanément la toucher au cœur en évoquant les Hauts-de-France, région de leurs communes racines. « J'adore Brigitte. Elle n'est pas snob du tout », a l'habitude de répéter à son propos la chanteuse. Les deux femmes aiment aller au théâtre ensemble. Et rigoler à gorge déployée.

Il n'est jamais question de politique entre l'amie des Chirac et la femme du candidat d'En Marche !. Lors de son dernier dîner d'anniversaire – une surprise organisée par Johnny et Laeticia Hallyday dans leur maison –, Line Renaud a cependant confié, devant l'intéressé présent avec son épouse, comme Stéphane Bern ou Muriel Robin, qu'Emmanuel lui avait fait une impression aussi forte qu'un certain... Jacques Chirac ! Pas le pire, à ses yeux.

Sous le charme, elle aussi, l'attachée de presse, Nicole Sonneville, qui a inspiré le personnage de Catherine à Alex Lutz[1], a organisé quelques soirées pour présenter le couple à quelques comédiens. C'est ainsi que Pierre Arditi et Évelyne Bouix les ont connus.

---

1. Il interprète, avec Bruno Sanches, la série *Catherine et Liliane*, sur Canal Plus.

Plus insolite, Stéphane Bern a, quant à lui, fait connaissance avec Emmanuel Macron en manquant de le faire passer sous les roues de sa voiture. C'était au sortir d'un déjeuner au Sénat avec le président du département d'Eure-et-Loir, où le journaliste possède une demeure. Vitre ouverte pour s'excuser d'avoir failli faire un sort au pied ministériel, l'exégète des têtes couronnées s'est alors entendu répondre par un Emmanuel Macron tout sourire : « Ah, Stéphane ! Ma femme vous adore. Elle ne me parle que de vous, elle apprécie tout particulièrement votre émission *Secrets d'histoire* et veut absolument dîner avec vous ! »

L'insaisissable Michel Houellebecq a lui aussi été approché, comme il l'avait été jadis par Nicolas et Carla Sarkozy du temps de leur règne élyséen. Lors d'un entretien croisé, en 2015, pour le magazine des *Inrocks* à Bercy, le ministre et l'écrivain s'amusent, ironie au coin des lèvres, de leurs points communs.

« J'ai l'impression d'être transgressif sans le vouloir », dit l'icône Houellebecq avec ce flegme dont il ne se départ jamais. « J'ai le même problème », lui répond dans un demi-sourire le ministre, qui s'est déjà fait remarquer par ses dérapages plus ou moins contrôlés sur les totems socialistes. « On n'est pas heureux dans des boîtes », clament-ils encore en chœur, pas mécontents, le ministre surtout, de cette belle mise en scène.

Les Macron ont réussi à pénétrer la sphère *people*. Aussi Brigitte n'a-t-elle pas hésité une seconde lorsque Bernard Montiel, l'ami des stars, lui a proposé de l'accompagner à un concert de Julien Doré sur un bateau-mouche à Paris. Elle a même apporté avec elle l'album du chanteur pour que ce dernier le dédicace à son mari. Lorsque l'animateur l'a conviée au vernissage d'Orlinski – artiste contemporain très coté –, Brigitte Macron en plein déménagement a encore tout lâché pour le rejoindre. Habitué à frayer avec le Tout-Paris, son *escort-boy* s'étonne encore auprès d'amis de la décontraction de cette dernière. Contrairement à d'autres qu'il a côtoyées, Mme Macron ne demande jamais à côté de qui elle sera placée lorsqu'elle est invitée à un événement. Pas bégueule, l'épouse du candidat se montre juste ravie d'intégrer la famille des *happy few*. Emmanuel Macron n'est pas en reste.

N'a-t-il pas abordé Charles Aznavour qui déjeunait au Père Claude à une table voisine ? « Bonjour, je vous aime depuis toujours », s'est présenté l'ancien ministre. « J'en suis ravi, lui a répondu le chanteur, je serai en concert le 27 décembre. Venez me voir, mais je vous préviens, il y aura aussi François Hollande ! »

Il faut se faire sa place en haut de l'affiche... Quitte à embrasser au meeting de Lyon une Geneviève de Fontenay jugée parfois réac. Ou à donner l'accolade à Philippe de Villiers, pourtant loin de ses idées, parce qu'il faut être vu au très populaire Puy du Fou.

Les assauts de charme des Macron vis-à-vis du petit monde du 7e art, de la chanson et du théâtre sont liés à leurs goûts comme à leur tempérament. Mais pas seulement.

Toute campagne présidentielle passe, il est vrai, par la case *people*. Lorsque Emmanuel n'était que conseiller de l'ombre à l'Élysée, il a pu observer de près le jeu de Manuel Valls alors ministre de l'Intérieur. Malgré son poste régalien et chronophage, le socialiste s'est toujours méthodiquement astreint à escorter son épouse, la violoniste Anne Gravoin, qui a accompagné tant de personnalités du *show-biz* : Johnny Hallyday, Pascal Obispo ou Florent Pagny. Il la chaperonnait dans les concerts de ses amis ou aux avant-premières de théâtre quand se pressait le Tout-Paris. Aussi l'a-t-on vu ces dernières années improviser quelques pas de danse folklorique dans les travées d'un concert de Nolwenn Leroy. Ou poser, tout sourire, avec Patrick Bruel dans les coulisses de l'Opéra Garnier.

Les Macron se sont piqués au même jeu. Lorsque leurs deux époux s'entendaient encore, Anne Gravoin et Brigitte Macron se sont parfois retrouvées dans les mêmes défilés haute couture. Le temps de ces *fashion-weeks*, où il est essentiel d'être vue. Et de fixer les photographes, à l'affût pour mitrailler les personnalités, en *front raw*, lors du défilé Christian Dior de juillet 2015 par exemple.

Les deux épouses, maxi-chemise en lin et éventail en main pour l'une, minijupe et petit haut ajusté pour l'autre, talons hauts et sac siglé pour les deux, ont longuement mis en scène leur complicité dans les jardins du musée Rodin, où se déroulait le show. L'épouse du ministre de l'Économie se fendant même d'un ostensible baiser sur la joue de l'épouse Valls. La course aux relations VIP était bel et bien lancée.

Entre l'automne 2015 et l'été 2016, les deux couples ont reçu tant de VIP que leurs cercles ont fini par se croiser. Il est arrivé à Stéphane Bern ou Guillaume Gallienne d'être invités un jour chez les Gravoin-Valls, le lendemain chez les Macron. Le couple Pierre Arditi-Évelyne Bouix a pris, lui aussi, l'habitude de côtoyer les deux étoiles du gouvernement, avec leurs épouses.

Les opportunités se sont faites plus délicates au fur et à mesure que les rivalités entre les deux hommes se sont exacerbées. Le 16 novembre 2016 déjà, une source bien informée de Bercy lâchait à *L'Express* une indiscrétion un poil perfide. Sur la fin de leur règne au ministère, la maîtresse de la maison, Brigitte Macron, aurait organisé jusqu'à deux dîners par soir. Enrichir encore et encore les réseaux de son époux...

Pour les deux derniers mois précédant la démission du ministre de l'Économie, précisait même l'hebdomadaire, plus des trois quarts des frais engagés en cette maison, qui abrite cinq membres du gouvernement, auraient été imputables au seul Emmanuel Macron et à sa femme.

La guerre est bel et bien déclarée. Les crispations à leur sommet. Fréquenter les uns risque donc de vous placer dans le collimateur des autres. Mais la curiosité à observer ces gens de pouvoir, à approcher ces grands fauves, à tenter de discerner la vérité derrière la comédie des apparences, l'emporte toujours.

Choisir, du coup, entre les saillies drolatiques de l'éruptive Anne, la parole *cash* de Brigitte. Entre l'humour rugueux de Manuel et celui, plus potache, d'Emmanuel. Ces personnalités en vue n'ont pas voulu choisir, justement. « Je ne suis pas un courtisan, lançait Stéphane Bern. Que le meilleur gagne. Je continuerai à voir les uns, si les autres accèdent à l'Élysée ! »

À l'été 2015 déjà, les Macron prennent l'avantage. Ils posent leurs valises dans la maison de Fabrice Luchini, sur l'île de Ré. Buzz assuré. Le truculent comédien ne s'est pas fait prier pour raconter sur les plateaux comme sur Europe 1, sous l'œil amusé de sa chère Caroline Roux, cette estivale échappée. Parfois tancé dans la presse pour sa relation compliquée à l'argent, cet amoureux du verbe s'est payé le luxe de regretter une seule chose. Ne point avoir fait régler son séjour au couple en jurant que la « location » aurait été plus rentable sur Airbnb ! Rires sous les applaudissements.

Fin novembre de l'année passée, c'était au tour d'Arielle Dombasle de narrer sur RTL à coups de superlatifs son dîner à Bercy : « On voyait Paris qui scintillait, le mouvement de l'eau comme un aquarium, a raconté ce jour-là la chanteuse au micro des *Grosses Têtes* de Laurent Ruquier. C'était très bon […]. Ils étaient d'une attention et d'une gentillesse absolues ! C'est un couple qui a l'air de s'aimer et je trouve ça très sympathique. »

Ces fréquentations hors champ politique sont aussi une respiration salutaire pour le couple. Ainsi, le ministre, ayant reçu le matin des œufs sur la tête lors de la visite d'un bureau de poste à Montreuil, n'aurait annulé pour rien au monde son déplacement de l'après-midi prévu de longue date. Il avait promis d'assister en ce 6 juin 2016 à l'inauguration dans le Perche du Collège royal et militaire de Thiron-Gardais sis dans la propriété de son ami Stéphane Bern. Parole tenue. Et pas question de rentrer à Paris pour assister à un match de l'Euro, même s'il est féru de foot.

De fait, « pour être candidat à la présidentielle, il est impératif d'exister aussi dans le Tout-Paris pour avoir des relais puissants dans les élites journalistiques notamment », décrypte le communicant

Philippe Moreau-Chevrolet, président de MCBG Conseil. Cela permet de s'installer dans les pages soirées de la presse *people*.

Ces parenthèses, en dehors de l'univers politique, sont aussi une aubaine pour créer du lien avec des personnes qui alimenteront les conversations des fameux dîners en ville. L'opportunité d'occuper le terrain d'une manière différente des réseaux sociaux. D'être présents dans tous les esprits, en duo.

L'accompagnatrice

Emmanuel Macron se jette à l'eau ce 16 novembre 2016 dans le centre d'apprentissage de son ami Patrick Toulmet. Il est 11 h 08. Les journalistes des chaînes d'info se bousculent. La mèche est allumée. Cap sur la présidentielle.

Pour cette déclaration de candidature et comme avant chaque intervention-clef, il a répété chaque mot, chaque séquence, chaque intonation, avec son épouse. Elle n'a pas sa pareille pour détecter où la voix de son mari doit se poser et impacter, pour capter l'auditoire.

Quelques heures plus tard dans son nouveau Q. G. du XVe arrondissement, elle lui lâche la bride et le laisse improviser. Désormais candidat à la présidence de la République, Emmanuel reçoit, détendu et enjoué, les correspondants parisiens de la presse quotidienne régionale (PQR). Demain, dans leurs colonnes, ils donneront écho à la voix de Macron, aux quatre coins de la France.

À chaque présidentielle, on se doit de privilégier la PQR. Elle vend trois fois plus d'exemplaires que les nationaux. Une grosse partie des électeurs de demain, en somme. Macron le sait et il prend tout son temps pour réexpliquer, de manière didactique, sa démarche.

Son discours est rodé, il l'a passé au banc d'essai, dès le petit déjeuner, avec un groupe de sénateurs amis. Devant ces Parisiens représentants de la presse de province, Emmanuel Macron, pour l'heure, savoure le moment.

En un geste aussi ferme que complice, Brigitte Macron met pourtant un terme à l'échange. Face à cet auditoire médusé par son attitude, l'ex-professeure tapote ostensiblement sur sa montre. L'heure est venue de passer à la suite. *Illico*. Ce n'est plus lui qui préside, mais le temps... et Brigitte.

Il abrège son entretien avec la presse. Fin de la récréation.

Qu'on le sache ! Sa présence n'est pas négociable. Devant les caméras du *Supplément* de Canal Plus, Emmanuel Macron assène cela comme une évidence. Son épouse travaille désormais aussi, pour... lui.

À l'issue d'une réunion de cabinet à Bercy, en novembre 2015, il explique, avec un naturel désarmant, cet état de fait devant elle, qui approuve d'un regard cajoleur : « Elle est là parce qu'elle m'accompagne. Parce qu'elle contribue à une autre ambiance et c'est important. » « Elle n'est pas payée par le contribuable, précise, un peu cassant, le ministre. Son avis m'importe, elle y passe beaucoup de son temps. On ne travaille pas bien lorsqu'on n'est pas heureux ! » Avis aux persifleurs. « J'aime beaucoup sa phrase, s'amuse Brigitte Macron. De toute façon, je suis la présidente du fan-club. »

Puisque c'est désormais officiel, il faudra compter avec ce pluriel singulier dans la haute administration : « les Macron ». C'est d'ailleurs madame qui accueille les journalistes de renom venus interviewer son époux.

L'éminente plume du *Times* Adam Sage est stupéfiée par ce mélange des genres assumé. Comme par l'explication tranquille que lui délivre l'homme-clef de Bercy, sur la présence de son épouse en ce lieu de pouvoir : « Quand on est ministre, la vie publique dévore la vie privée. Elle doit donc comprendre ce que je fais, elle doit entendre et parfois donner son opinion », lui glisse-t-il, avant de préciser : « Elle n'a aucune fonction officielle, parce que si on fait ça, on rend la vie impossible à ceux qui ont un poste au sein du cabinet. » Sourire contraint ou non, les conseillers acquiescent ou avalent leurs stylos Montblanc. Du jamais vu depuis Cécilia Sarkozy. Emmanuel Macron a cet art insolent de toujours rebondir. D'imposer ses vues, l'air de rien, d'installer dans les esprits, avec la plus grande décontraction, des choix plutôt incongrus. Une sorte de légèreté têtue.

Déjà, en hypokhâgne à Henri-IV, il s'imposait, parvenant à faire illusion en mathématiques, seule matière où il ne brillait pas. Il avait le toupet d'expliquer au professeur qu'il n'avait pas trouvé la bonne réponse, mais qu'il y avait certainement une autre solution.

En cet automne 2015, il a sa solution personnelle. Impose donc son épouse à son staff, comme à la face du monde, avec le même naturel déroutant. « On a besoin d'être ensemble, c'est notre oxygène mutuel », plaide presque banalement Brigitte lorsqu'on la questionne sur cette constante promiscuité d'hier et d'aujourd'hui. Elle l'« accompagne », c'est tout.

À en croire les troupes « macroniennes », il n'y a pas même de débat qui vaille. Son omniprésence ? « Un gros délire de journalistes », rétorque-t-on. Certains proches vitupèrent pourtant contre cette épouse qui se mêlerait de tout. À l'instar, peut-être, d'une Valérie Trierweiler lors de ses premiers pas à l'Élysée. « Brigitte reste dans son rôle, infirme la députée Corinne Erhel. Sa présence, son parcours sont une richesse. »

Par le passé pourtant, Brigitte n'a pas été systématiquement associée à la vie professionnelle d'Emmanuel. L'un de ses collègues à la banque Rothschild ne se souvient pas de l'avoir vue, ne serait-ce qu'une fois, dans les dîners organisés entre banquiers. Peut-être était-elle rebutée par cette sémantique absconse lorsqu'on n'a pas étudié l'économie ? « Ce n'était pas une période si facile, même pour lui, se souvient Brigitte Macron. Il a bossé comme un fou. Quand il y avait des *deals*, on ne se voyait pas beaucoup. » Lorsque Emmanuel Macron rejoint l'Élysée, le couple fait une croix sur toute vie sociale. « Nous n'organisions pas de dîners, mais on se voyait tous les deux. On s'est toujours débrouillés pour se voir. »

L'arrivée dans la sphère gouvernementale a changé la donne. « Les premiers temps je n'habitais pas Bercy, raconte-t-elle. Mais je n'allais pas lui enlever le peu d'heures qu'il dormait, trois-quatre heures par nuit, en lui rajoutant un temps de trajet pour rentrer dans le XVe. »

Avant la rentrée 2015, elle décide donc de quitter son poste de prof à Saint-Louis-de-Gonzague pour vivre à Bercy, à ses côtés. Cette relation fusionnelle ne l'étonne pas le moins du monde. Malgré leurs vingt années de vie commune. « Un couple qui vieillit, c'est comme le bon vin ! » sourit-elle.

Les Macron sont ainsi, depuis leur rencontre, ils ont toujours privilégié les moments à deux. Leurs vacances, à La Mongie, Biarritz ou au bout du monde, se font généralement « en amoureux ». Déjà lorsque Emmanuel étudiait à Sciences Po, les amis le voyaient disparaître chaque week-end pour des balades, souvent dans l'Oise, avec celle qu'il aimait.

« Les gens ont parfois du mal à comprendre... Mais on a besoin de se voir », répète inlassablement Brigitte. Elle le rejoint donc à Bercy. Et assiste aux réunions dédiées à l'agenda du ministre. Les collaborateurs de ce dernier n'auront qu'à composer avec sa présence. « Cela n'a pas été difficile, confie un membre du cabinet. Elle faisait la tournée des bureaux le matin, avait un mot pour chacun. Elle était assez maternante, s'enquérait de la santé des collaborateurs. »

Elle qui rêvait, étudiante, d'une carrière dans les ressources humaines se retrouve à soixante ans passés à créer du lien dans les équipes d'une des plus puissantes administrations de France. « Quitter son métier fut sa part de renoncement », croient pourtant savoir certains de ses amis. Elle acquiesce : « Cela me manque de ne plus enseigner. Ma place est dans une classe. »

D'autres assurent toutefois qu'elle n'a pas hésité longtemps. Peut-être aussi parce que sa nouvelle notoriété venait compliquer la relation aux élèves. À quelques petites années de la retraite, le sacrifice consenti de sa part n'aurait pas été insurmontable, puisqu'elle a remplacé son métier par un autre.

Une fonction si multiple et qui consiste à donner son avis un peu sur tout, tout le temps. Elle, qui de son propre aveu n'aime pas l'idée d'appartenir à un parti, trop attachée à sa liberté de pensée et de ton sans doute, aborde paradoxalement la stratégie de conquête du pouvoir.

Dès la montée en puissance de son mari à Bercy, elle sélectionne elle-même les médias pour les grandes interviews. Un membre du cabinet précise, lui, que seuls les entretiens plus personnels concernant le couple étaient traités en direct par les Macron. Pas le reste. Comme Cécilia en son temps, elle choisit bien sûr la couleur des chemises du ministre, souvent bleu ciel, rehaussées d'une cravate marine. Elle a l'œil sur tout et scrute chaque matin le planning de son époux.

Cette pédagogue enthousiaste n'a toutefois pas rompu avec son milieu professionnel. On devine des idées bien tranchées sur les réformes à envisager au sein de l'Éducation nationale. Celle du collège menée par Najat Vallaud-Belkacem ne semble guère l'avoir éblouie, avec ces si polémiques EPI (enseignements pratiques interdisciplinaires). Elle aimerait voir ces heures supprimées, et celles de français et de maths rétablies. Et rêve que les profs des lycées prestigieux puissent se frotter quelques heures par semaine à des territoires en difficulté. Ces réseaux d'éducation prioritaire qu'on appelle encore ZEP.

« J'aurais aimé faire un mi-temps à Franklin et un autre mi-temps dans un lycée défavorisé, dit-elle. Il faut envoyer dans les quartiers difficiles des professeurs qui ont de la bouteille. Car l'essentiel est la stabilité des équipes pour qu'elles puissent développer un projet pédagogique. »

Brigitte Macron a une autre certitude : « J'enseignerai à nouveau un jour. » Comment y songer désormais pourtant ? Un soupçon de naïveté, une envie farouche de liberté, celle de rappeler qu'elle a un métier… ou l'expression d'une incrédulité sur leur possible destinée à l'Élysée ? Elle qui ne se risque pas au moindre pronostic, à quelques mois du premier tour.

Ce fut déjà si compliqué pour l'épouse du ministre de l'Économie de poursuivre son métier, compte tenu du rythme imposé par la vie professionnelle de son mari. Chaque soir, il sollicitait son sentiment. Les analyses conjugales s'étiraient alors jusque tard dans la nuit.

Encore enseignante jusqu'à la rentrée 2015, Brigitte Macron arrive de plus en plus souvent en petite forme devant ses élèves. Elle, qui vivait son métier comme une passion sans limites, ne pouvait plus s'y consacrer corps et âme. « C'était l'une des profs stars de l'établissement. Une "passeuse", qui embarquait tout le monde, même les lycéens indifférents à la littérature en début d'année, témoigne le chirurgien Christophe Lesage dont l'adolescent est passé dans sa classe, en seconde, à Franklin. Elle les emmenait souvent au théâtre, savait créer une synergie avec les parents en leur demandant de venir parler en classe de leur profession. »

Un jour Brigitte Macron fait même intervenir un conseiller élyséen : son mari ! Tout simplement. À l'issue de cette intervention, durant laquelle elle le laisse seul avec ses élèves, la professeure les interroge : « Il vous a conseillé quoi comme lecture ? Parce que Emmanuel ne jure que par des auteurs compliqués. Pour lui, *Madame Bovary*, c'est de la BD ! » s'amuse-t-elle. Lui penche pour Yves Bonnefoy ou Céline quand elle se délecte de la chanson pas si douce de Leïla Slimani.

Lorsqu'il investit plus tard Bercy, son épouse y organise un débat de culture générale entre le ministre et un certain... Fabrice Luchini, plutôt familier jusque-là de la galaxie Sarkozy. Un moment insolite dont les élèves de Brigitte Macron parlent encore.

Hors de question, en dépit de cette mise en disponibilité soudaine, de battre en retraite à l'abri des feux de la rampe. En vingt ans de passion commune, elle a pris l'habitude de suivre cet homme trop pressé. Ses embardées imprévisibles ont jalonné leur relation.

À chaque chapitre ouvert, à chaque nouvelle vie, sans doute cette angoisse, ténue certes, mais palpable, de le perdre.

« Cela durera ce que ça durera », avait-elle un jour soufflé à l'une de ses connaissances du Touquet, peu après l'officialisation de leur histoire. Mais elle est bien décidée à ce que perdure l'incroyable aventure. À tout tenter peut-être, comme le Dom Juan qu'elle a tant aimé enseigner – ce personnage qui sent pointer le pire, se sait condamné, mais avance. Malgré tout.

Le ministre, puis le candidat Macron, commence-t-il à voir se dessiner autour de lui une agora d'hommes et de femmes avides de pouvoir ? Qu'à cela ne tienne, Brigitte en sera la Pythie. Seule capable d'assener les vérités. *Cash* avec ses élèves, elle l'est aussi avec son époux. « Il a épousé une emmerdeuse en connaissance de cause », plaisante-t-elle souvent avec l'écrivain Philippe Besson. « Ton discours était assommant », lance-t-elle à son ministre de mari au retour d'un déplacement en province.

Comme à l'été 2016, au cours d'une escapade à Biarritz, lorsqu'elle relit certains passages du futur ouvrage-plaidoyer d'Emmanuel : « Là, ton livre me tombe des mains. » L'épouse amoureuse des mots met parfois la main à la pâte et n'en fait pas mystère. « Je ne vais pas pouvoir te voir car je dois terminer de relire un discours pour Emmanuel », envoie-t-elle par SMS à l'une de ses connaissances au tout début de l'été 2016. Quand elle ne coupe pas des passages de *Révolution* quelques semaines après. *Best-seller*, le livre sera pourtant étrillé pour son côté éthéré, trop peu précis, trop dans l'incantation.

S'il ne lit pas de romans contemporains, Emmanuel Macron lui demande souvent de lui faire part de ses impressions à propos de ses propres lectures. Son hypermnésie lui permet d'émailler ses interventions de citations de nombreux auteurs. Ils ont cette commune passion pour les belles formules d'écrivain. N'avait-elle pas pour habitude d'afficher les aphorismes de ses auteurs favoris sur tous les murs de ses classes... Au grand dam de ses collègues et chefs d'établissement effarés par tous ces murs tapissés dans tous les sens ?

À Bercy, Brigitte Macron ne refait pas la décoration. À mesure que le ministre de l'Économie organise ses troupes, son épouse fait assaut de charme auprès de chaque nouvelle recrue intégrée dans le comité de direction d'En Marche !. « Elle est très chaleureuse, vous embrasse facilement et retient tous les prénoms alors qu'elle voit passer un nombre incroyable de gens », témoigne la vice-présidente du Sénat Bariza Khiari.

À partir du moment où En Marche ! campe quelque part, Brigitte Macron a ses propres rendez-vous là, au gré des changements successifs de QG. Et consulte beaucoup. « Fabiusienne canal historique », comme elle se définit elle-même, Bariza Khiari a été séduite par le duo formé par l'ancien banquier d'affaires et son épouse : « Il incarne avec son couple la fusion entre liberté et progrès. Et puis j'aime cette dimension humaine que leur donnent les lettres, toute cette culture-là. »

La sénatrice se réjouit de voir l'ex-professeure partager son expertise avec le candidat. Et de souligner la réflexion menée par l'époux de Mme Macron sur le vocabulaire parfois si pauvre des enfants de banlieue. Une indigence culturelle, source aussi d'une violence croissante, exacerbant chez nombre de ces jeunes le sentiment d'abandon.

« Contrairement à Manuel Valls, qui au moment des attentats avait affirmé que comprendre c'était déjà excuser, Emmanuel a voulu voir qu'il s'agissait de nos enfants, que nous n'avions pas juste importé des démons et qu'il fallait aller chercher le mal à la racine », se félicite encore la sénatrice.

Si elle ne manque pas d'échanger avec le candidat sur ce thème qui lui tient à cœur, son épouse n'intervient que très ponctuellement lors du comité politique d'En Marche !.

« Elle est professionnelle, et s'en tient vraiment à des choses qu'elle connaît, souligne le député de l'Ardèche Pascal Terrasse. Je ne l'ai jamais entendue réagir sur la loi El Khomri par exemple. » « Comme Emmanuel est quelqu'un de très pudique, Brigitte intervient parfois sur le mode : "Ce qu'il veut vous dire, mais ne vous dit pas vraiment : c'est cela !" raconte aussi l'ancien ministre de l'Agriculture François Patriat.

Ce dernier a apprécié la sincère sollicitude de l'épouse Macron, après le grave accident de voiture dont il a été victime à l'automne 2016, percuté par une voiture roulant en sens inverse sur l'autoroute.

« Brigitte m'a appelé plusieurs fois pour prendre de mes nouvelles et me tenir au courant des impulsions que prenait la campagne. Elle m'a assuré qu'ils viendraient me rendre visite et ils l'ont fait, malgré l'accélération de leur calendrier », se souvient le sénateur socialiste de Côte-d'Or.

Brigitte a un œil sur tout. « Elle veille à ce qu'il ne soit pas martyrisé par son entourage », confie l'un des conseillers de son époux. Et fait tampon lorsque les très proches se déchirent sur la stratégie à suivre. Elle est de celles qui aident Emmanuel à tenir son cap contre vents et marées.

Aussi n'en a-t-il pas dévié depuis qu'il a pris la décision de se lancer dans le grand bain présidentiel. Il était pour lui impératif de ne démissionner du gouvernement qu'une fois la loi El Khomri entérinée. Ni les supplications de Gérard Collomb désireux qu'il prenne du champ dès la fin juillet 2016, ni les coups de téléphone journaliers du vieil allié, Henry Hermand, ne l'ont fait plier. « C'est une éponge, il écoute tout le monde mais ce n'est pas quelqu'un d'influençable. Personne n'influence Emmanuel », assure son épouse. Elle est l'une des seules, sinon la seule, à obtenir parfois de lui quelques inflexions.

À Paris quand on les croise les soirs de semaine à la table asiatique branchée Lily Wang, au Père Claude, non loin de leur domicile actuel ou à La Rotonde, l'une de leurs brasseries préférées, les Macron y devisent à bâtons rompus. « Je connais d'autres épouses de politiques qui n'ont rien à raconter et que l'on traîne comme de pauvres choses. Brigitte, elle, n'a rien d'une potiche ! » confirme Stéphane Bern. Elle se serait même donné pour mission de challenger son époux sur le terrain des idées.

Convié par des relations communes pour un dîner, Alain Finkielkraut a pu le vérifier. « Lorsque nous avons échangé sur la laïcité, le voile à l'école, elle avait son mot à dire, défendant avec force une conception plus rigoureuse de la laïcité », confie le philosophe et écrivain.

Un « discours de prof », qui ne se laisse pas impressionner par les options plus ouvertes de son mari. Fustigées par l'opposant Valls notamment. Pour elle, c'est « no voile », même à l'université, mineure ou pas comme elle le dit sans ambages. Cette féministe, pas mécontente sûrement de la parité « réelle » prônée par le candidat en campagne, n'imagine pas qu'une femme aux cheveux masqués ne puisse être à un moment donné conditionnée. Une position arrêtée sur ce sujet, entière, à son image. En privé, son mari, lui, a sa réponse toute trouvée. Pourquoi priver ces jeunes filles de l'université, les enfermer (un peu plus) chez elles ?

Choquée par le reportage de France 2 dans un café en région parisienne où les femmes n'étaient pas les bienvenues, l'épouse du candidat à la présidentielle ne tergiverse pas. S'il ne tenait qu'à elle, l'établissement serait fermé, immédiatement.

« Brigitte n'a pas envie de renoncer à sa liberté de ton », conclut simplement l'ami du couple Marc Ferracci. Une franchise qui, à l'excès, menace bien sûr une communication présidentielle, avec ses éléments de langage à respecter.

« Lors de nos dîners, Emmanuel ne la censure d'ailleurs jamais, témoigne Philippe Besson. Je la trouve plus transgressive que lui. Finalement le plus jeune des deux, c'est elle ! » Pour expliquer leurs échanges parfois musclés, Brigitte Macron emprunte à sa manière cette phrase de Montaigne : « Il faut toujours limer sa cervelle contre celle d'autrui. » « Emmanuel et moi nous limons beaucoup », ajoute-t-elle, en noyant l'ambivalence du verbe, dans un grand éclat de rire. L'épouse du candidat aime à jouer avec les sous-entendus.

En marge d'un meeting, mais en pleine lumière, au journaliste du *Quotidien*, l'émission de TMC, qui lui demandait si elle avait trouvé bonne la prestation de son époux, elle lance alors, l'œil brillant, et le verbe un peu leste : « Il n'est pas bon que politiquement. C'est très restrictif. Je n'ai pas encore trouvé un domaine dans lequel il n'est pas bon. »

« Exigeante et pas béni-oui-oui pour deux sous, elle le soutient comme on rêverait d'être soutenu, se réjouit l'un de leurs hôtes réguliers, Pierre Arditi. Il n'y en a pas un qui abdique par rapport à l'autre. »

Le candidat d'En Marche ! a besoin de ce regard critique mais bienveillant sur lui. Celui que portait jadis la professeure qui avait repéré cet élève « aux capacités hors norme », « plus fort encore que les profs », comme elle le rappelle encore aujourd'hui.

Cette complicité est palpable dans une scène du film de Pierre Hurel. On les découvre en pleine répétition, avant le premier grand meeting de la Mutualité, en juillet 2016. À grand renfort de gestes, au pied de la scène, Brigitte Macron dirige son compagnon. « Chéri, là c'est trop long, il faut que tu marques les étapes. N'attaque pas trop, tu n'as pas d'énergie à perdre. Fais monter ta voix. Elle plonge là ! » Parfois l'élève Macron se rebiffe. « C'est un truc de prof ça ! » Dans la coulisse gouvernementale, ça décoiffe. « Elle est terrifiante, cette scène ! » s'exclame un ministre, halluciné.

« Je l'ai vu quelquefois avec elle comme un petit garçon qui se ferait tancer par sa maîtresse d'école, raille encore un photographe familier des politiques. Lorsqu'il est en sa présence, il n'est plus le même. »

Lorsqu'elle l'accompagne sur le terrain, Brigitte Macron reste certes la plupart du temps en retrait du champ des caméras. Mais profite aussi de sa présence pour prêcher la bonne parole auprès des journalistes de presse écrite, eux aussi, souvent à distance de la nuée de caméras. « Cela a toujours été un gros travailleur, mais je ne l'ai jamais vu se donner autant. Il est à fond », glisse-t-elle aux uns et aux autres.

Dans ces déplacements, réglés comme du papier à musique, un geste de sa part suffit à faire dévier le candidat Macron de la trajectoire définie par son staff. Comme ce jour de janvier 2017 à Hellemmes, à côté de Lille, dans l'école maternelle Dombrowski. Très concentré, Emmanuel Macron échange longuement avec les élèves de moyenne et grande section, qui ont, à peu de chose près, l'âge de ses « petits-enfants ». Il prend le temps de plaisanter avec une fillette qui parle d'elle au passé en disant « quand j'étais petite » ! Son équipe lui fait signe. Il faut passer à la rencontre avec le personnel enseignant et associatif qui intervient dans l'école. Mais Brigitte Macron l'interpelle : « Viens voir ça Emmanuel ! » Son épouse tient absolument à ce qu'il jette un coup d'œil au livre illustré, avec un texte à trous à compléter, créé par les bambins avec l'association Artémo (la fabrique d'art et de mots).

La responsable de cette structure, Béatrice Catteau, lui en offre un exemplaire. « Notre petite-fille de onze ans, qui dessine très bien, l'illustrera, et Emmanuel, qui est très inventif, le complétera », promet Brigitte Macron. « Je m'intéresse très peu à la politique mais lui, contrairement aux autres, ne semble pas déconnecté des réalités », note en aparté la responsable associative sous le charme de ce couple si accessible. Elle a laissé son adresse à l'épouse du candidat et espère recevoir l'exemplaire complété... « Une fois la campagne terminée » !

Parfois raillé, leur duo fonctionne. « J'ai rencontré tellement de couples de longue date qui ne se supportaient plus. Eux ont une vraie relation fusionnelle, note la chanteuse Line Renaud. C'est au-delà de l'amour. Elle est son pilier et lui le sien. J'ai bien connu ça avec Loulou. »

Pas un déjeuner de Brigitte, avec ses nouvelles fréquentations du *show-biz*, sans qu'Emmanuel l'appelle au moins deux fois. Pas une journée sans un tendre texto. « Elle a été voulue par lui très violemment et ça reste à l'intérieur de lui », assure un de leurs amis, à propos de l'inoxydable tandem.

Brigitte et Emmanuel ont dû souquer ferme par le passé pour surnager dans l'océan des « on-dit ».

Parfois l'épouse du fringant postulant à l'Élysée s'agace qu'on lui rappelle à longueur d'articles qu'elle est bien plus âgée que l'homme de sa vie. « Il y aurait peut-être autre chose à écrire, soupire-t-elle. Mais je me résous à cela. Je pense qu'ils ne diront peut-être jamais rien d'autre de nous. » La plupart du temps, elle devance les critiques par l'autodérision ou le sarcasme.

Stéphane Bern l'a déjà entendue s'amuser : « Il faut qu'on se dépêche, car, dans plusieurs années, je ne sais pas quelle tête j'aurai ! » Ses mèches si blondes, sa silhouette filiforme qu'elle souligne immanquablement par des mini-jupes, des slims en cuir et autres tee-shirts aussi ajustés que strassés, participent à ce combat.

« Elle a fait quelques trucs », assure sans toutefois lui jeter la pierre une relation touquettoise. Pour garder la forme, elle passe de longues minutes sur son vélo d'appartement. Elle ne cache d'ailleurs pas sa joie lorsque des femmes l'abordent pour lui rendre de discrets hommages en province ou sur le marché de la rue Cler, dans ce quartier vivant du très chic VIIe arrondissement, où ils se sont posés après avoir quitté Bercy.

« Vous nous vengez ! » ; « Votre mari, c'est quelqu'un de bien parce qu'il vous a choisie ». « Vous avez raison, je suis bien d'accord avec vous », leur répond-elle, comblée. Elle s'enorgueillit qu'il ne soit pas dans un schéma attendu, où un homme de son âge pourrait s'exhiber avec n'importe quelle jeune femme magnifique. « On ne se vit pas dans la différence », lâche-t-elle pour clore le sujet.

Mais, leur cas est trop beau pour ne pas aiguiser le (très) mauvais esprit des humoristes. Comment, en effet, résister à la tentation de brocarder ce couple à la différence d'âge si flagrante, si singulière, *a fortiori* dans ce sens-là ?

Du pain bénit, une manne inépuisable pour des amuseurs insatiables. Laurent Gerra, qui a pourtant déjà salué le couple en privé, fait des Macron l'une de ses cibles fétiches sur la station préférée des Français. Devant un Manuel Valls hilare, début janvier 2017, il étrille le rival de l'ancien Premier ministre. Le fait passer pour un petit garçon zozotant, tout fier de sa cote vertigineuse dans l'opinion, qui pour fêter cela, joue sans cesse avec le siège montant de sa grand-mère – ces fauteuils électriques accrochés aux escaliers que les télés montrent à foison dans ces publicités de l'après-midi destinées aux retraités.

Brigitte Macron est ainsi campée en très vieille femme avec cette voix nasillarde d'une Jeanne Moreau croulante, grondant un garçonnet lui ayant déjà « cassé son lit électrique ». Quand elle ne s'exaspère pas du diablotin qui se rêve en monarque suprême, si dissipé qu'elle doit le priver de sa « Playstation ».

Dans le studio de RTL ce matin-là, tout le monde semble conquis par cette vacharde ironie. Valls évidemment, en pleine campagne de la primaire de la Belle Alliance populaire, boit du petit-lait.

Un mois plus tôt, le très acerbe Jérôme Commandeur n'y va pas non plus avec le dos de la cuillère dans sa chronique sur Europe 1. Brigitte Macron, avec la tessiture d'Amanda Lear cette fois, est imaginée en train de ramener à la raison son fils encore tout exalté par son meeting de la porte de Versailles. Le jeune ado de « quatorze ans », toujours pas « calmé » de son quart d'heure paroxystique, a dû être attaché dans sa chambre pour circonscrire toute rechute… Pourtant quelques secondes plus tard, il casse même « le service à gigot de Brigitte ». Objet d'un autre temps que les moins de vingt ans ne peuvent pas connaître. Le petit Emmanuel est censé retourner à l'école, enfin, après avoir avalé « ses Miel Pops et son Nesquik » et lacé ses « Kickers ».

L'air de rien, ces sketches grinçants qui flirtent allégrement avec un sexisme éculé (les femmes quinquas, sexas, n'auraient donc pas droit à l'amour avec des plus hommes plus jeunes, contrairement à leurs égaux masculins) disent plus encore. Ils touchent aux relations entre un ascendant et son enfant. Entre une figure tutélaire et un mineur protégé. Et remettent le doigt sur l'interdit supposé comme transgressé par la professeure avec son élève.

Sur un mode plus léger, la dérision sur le couple ne va souvent pas au-delà de cette seule question d'âge, à l'heure où les « cougars » seraient pourtant dans l'air du temps, si l'on en croit les gazettes féminines. Sur les ondes de Rire et Chansons, on s'esclaffe sur l'endurance de Mme Macron, comparée à celle du cycliste Robert Marchand, qui a fêté son nouveau record, à cent cinq ans...

Sur RTL encore, les mythiques Grosses Têtes dissertent sur la vieillesse et ses maux. Alors que la comédienne Chantal Ladesou raconte au micro ses échanges avec le couple Macron venu l'applaudir, Florian Gazan l'interrompt pour lui demander son avis sur le duo. Et se gausse alors : « Est-ce qu'il lui parle fort ? »

Qu'importent ces moqueries. Le couple a choisi d'entrer main dans la main dans la lumière. Mais qu'on ne s'y trompe pas ! Derrière ces sourires jumeaux sur les couvertures des magazines se cache une évidente stratégie de conquête. Un affichage à la Kennedy. « Apparaître en duo est considéré comme un atout par les hommes politiques, décrypte Jean-Daniel Lévy, directeur du département politique et opinion d'Harris Interactive. Cela montre qu'ils sont enracinés, aimés, qu'ils ne se perdent pas dans une aventure individuelle. C'est particulièrement intéressant pour Emmanuel Macron qui n'avait pas, en début de campagne, un entourage politique pléthorique et ne bénéficiait pas d'un soutien massif de la part de la société civile. » Et le politologue de rappeler le désastre, en termes d'image, de ces photos publiées d'un François Hollande en vacances. Seul. Qui s'enduisait lui-même de crème solaire.

L'histoire amoureuse atypique du ministre de l'Économie a frappé, elle, d'emblée les esprits.

Il s'agissait aussi pour lui, encore inconnu du grand public il y a deux ans et demi, de faire fissa de l'entrisme médiatique. De construire une « *storytelling* » efficace, accrocheuse. Macron « a compris que *Match* était un élément qui lui permettait d'accélérer sa notoriété », comme le décrypte à l'antenne Bruno Jeudy, son rédacteur en chef politique.

Pragmatique, le trentenaire pressé rappelle l'évidence, et assume ses choix : « Je dois aussi me faire connaître du reste de la population française qui ne regarde pas *Complément d'enquête*, qui ne lit pas les journaux », explique-t-il, alors qu'il est suivi à New York par une équipe de l'émission de France 2 fin 2016. « Oui, je continuerai à faire les 20 heures de TF1 », ajoute-t-il pour bien enfoncer le clou. N'en déplaise aux caciques du PS et aux mauvaises langues.

« C'est tout simplement un jeune homme de son époque, le défend la productrice Sabrina Roubache, engagée à ses côtés. Il a grandi avec les réseaux sociaux, n'a pas le même rapport à l'image que ses aînés. Il a compris qu'elle était un outil incontournable pour se faire entendre. Il ne s'agit pas juste de narcissisme de sa part. Sinon pensez-vous qu'il serait avec la même femme depuis vingt ans ? »

Sa flamboyante personnalité et son volontarisme affiché lui ont permis de s'engouffrer dans l'imaginaire collectif et de s'y fixer. Entre l'automne où il devient ministre et l'hiver suivant, en l'espace de quatre mois, l'homme gagne trente points de notoriété. Un record ! « Au même poste, Michel Sapin n'est pas aujourd'hui plus connu du grand public qu'avant », souligne Jean-Daniel Lévy.

Plus qu'un homme, un couple s'est installé dans l'opinion. À Lille, aux abords du Zénith où Emmanuel Macron réunira cinq mille personnes et en laissera cinq cents de plus à l'extérieur, faute de place, le 14 janvier 2017, un chauffeur de taxi ironise : « Il paraît qu'il a visité une école dans un quartier populaire d'Hellemmes ce matin. C'est sa femme, la prof, qui a dû lui souffler d'aller là-bas. Car lui ne connaît pas ce monde-là. C'est un inspecteur des finances. Vous l'avez vu au meeting de Paris, il ne sait même pas crier. Dans son milieu, cela ne se fait pas. On ne crie jamais ! »

Rares sont les épouses d'hommes politiques aussi vite identifiées que Brigitte Macron. Reconnue dans la rue à Paris, elle ne prend plus le métro que pour de courts trajets, porte comme les *people* un bonnet et des lunettes pour éviter photos et prises à partie. Dès janvier 2017, à l'issue du meeting lillois, la foule l'entoure autant que l'orateur qui vient d'achever son tour de chauffe. Lui est assez rapidement exfiltré vers sa loge. Elle, se prête sans rechigner au jeu des selfies qui lui sont réclamés.

Dans la foule, elle reconnaît l'une de ses anciennes élèves, prend le temps de l'embrasser : « Qu'est-ce que tu fais là, toi ? C'était plus calme en classe ! » Une dame lui tend aussi le livre d'Emmanuel Macron pour qu'elle le dédicace : « Ça me gêne de signer un livre qui n'est pas de moi », glisse-t-elle tout en s'exécutant, ravie.

Sur scène, quelques minutes auparavant, son mari lui a rendu un discret hommage ainsi qu'à sa grand-mère, « Manette », qu'il aimait tant : « À deux générations près, rien ne me prédestinait à être devant vous. Il y a des rencontres, des gens qui vous aiment, mais le socle de toute émancipation dans notre société, c'est l'école. »

La présence de cette épouse aux petits soins compte. Tellement. Au sortir de sa prestation dans la loge privée du Zénith lillois, la cherchant du regard, le candidat interpelle tout le monde : « Avez-vous vu Brigitte ? Où est-elle ? » demande-t-il, fébrile, aux élus, aux amis qui viennent de le rejoindre pour le congratuler.

En ce début de campagne, Brigitte Macron n'a pas accordé d'interview. « C'est l'emploi fictif le plus photographié de France », ironise Charline Vanhoenacker, dans sa chronique de France Inter ce jour de février où la station reçoit Emmanuel Macron. L'affaire Pénélope Fillon fait alors rage.

« Pour l'instant, on ne la sort pas », confiait déjà, laconique, à la fin janvier l'un des conseillers de l'ancien ministre de l'Économie. Le verbe dit tout de cette femme, meilleur atout charme du candidat ou pire ennemi, aussi peut-être, à force d'exposition

médiatique, à force de paroles trop peu corsetées…
Échaudée, la com du mari se méfie. Tout en maintenant « au chaud » cette accompagnatrice si utile pour la conquête suprême. Le meeting de Lyon, le 4 février, se soldera par une nouvelle une du couple dans *Match* et six pages de photos en coulisses.

« Il faut savoir rester à la lisière, montrer un peu de sa vie privée, sans la mettre en scène », décrypte le politologue Jean-Daniel Lévy. En la matière, les Macron apprennent aussi… en marchant. Mais ne résistent pas toujours à rester hors champ…

Un couple *bankable*

Sur cette large place Saint-Sulpice, sous les fenêtres des stars – celles de Catherine Deneuve en particulier –, Emmanuel Macron est venu dire adieu à l'homme-clef de son existence, Henry Hermand.

L'ancien magnat de la grande distribution, de l'immobilier, mais aussi de la presse, lui avait présenté cet ami si cher, Michel Rocard, prosélyte comme lui d'une social-démocratie française à inventer. Le nonagénaire disparu avait été conquis d'emblée par la sagacité et le potentiel du jeune Emmanuel.

Après une heure et demie d'office funèbre dédié à leur ami et généreux mécène d'En Marche !, le couple Macron s'attarde sur le pavé humide devant l'église. Les politiques, les vieux amis se saluent, le monde médiatique aussi. Éric Fottorino ou encore Jean-Marie Cavada filent en ce vendredi automnal.

Brigitte Macron prend le temps de sourire, quasi complice avec les photographes venus en nombre. Elle ne cherche pas à se précipiter dans leur Renault Talisman où l'attend leur chauffeur.

Son époux, qui avait choisi Hermand pour témoin de mariage, avec son ami Marc Ferracci, prend le temps d'échanger avec les uns et les autres, peu soucieux des flashs. Quelques jeunes lycéennes qui passaient par là ne manqueront pourtant pas de le reconnaître et de fixer l'instant sur leur smartphone. Brigitte, vêtue de son fétiche slim en cuir noir, ne lâche pas son époux. Et lui saisit le bras, puis la main, marchant assurée. Jouant presque avec son image, avec leur image. Ne cherchant nullement à détourner ce regard qu'elle voile si souvent de verres fumés.

« De toute façon, elle adore ça, se voir dans le journal », glisse entre ironie et amusement un photographe d'agence réputé, dépêché pour la triste occasion.

Les chasseurs d'images se bousculent autour de la berline. Presque légers, eux s'y engouffrent. L'hommage à celui qui a tant aidé l'homme pressé se clôt ainsi… Un couple libre mitraillé, une affiche de stars inhumant un mentor bien-aimé.

Un enfant pris, parfois, les doigts dans le pot de confiture mais qui ne se démonte jamais. Emmanuel Macron surjoue la candeur lorsque les proches de François Hollande lui tombent dessus.

En ce printemps 2016, il jure, la main sur le cœur, ignorer que le magazine *Paris Match* allait mettre son couple en une le jour même de l'intervention télévisée du chef de l'État. Au plus bas dans les sondages, le président est irrémédiablement inaudible. Du coup le sujet fait grand bruit. Cette onde *people* couvre sans peine le fragile filet de voix présidentiel. Le premier cercle de la hollandie éructe. Les proches de Manuel Valls en rajoutent. Sommé de s'expliquer sur-le-champ, Emmanuel Macron minimise lors d'un déplacement à Londres. « C'est pas moi qui l'ai fait », comme disent ses petits-enfants. Le ministre tente de se dédouaner. C'est sa compagne qui a rencontré, en toute confiance, la journaliste de *Paris Match* Caroline Pigozzi.

Pour Brigitte Macron, pétrie de longue date de valeurs chrétiennes, ce n'est pas rien de se livrer à « celle qui fait la bise au pape » pour son journal, comme elle l'a glissé ici ou là. Rassurée par des connaissances communes, elle lui a donné de nombreuses photos de famille et livré ses premières confidences. « Malgré son air insouciant, Emmanuel est très solide et rassurant, affirme l'épouse amoureuse dans ce numéro de *Paris Match*. Mon mari, *addict* au travail, est un chevalier, un personnage d'une autre planète qui mêle une intelligence rare à une humanité exceptionnelle. Tout est à la bonne place dans sa tête. C'est un philosophe, un acteur devenu banquier et un homme politique, un écrivain qui n'a encore rien publié. Et moi, je garde ses manuscrits. »

Brigitte Macron avoue avoir eu besoin de raconter leur histoire pour faire taire les rumeurs qui circulaient sur le compte de son époux. « Fais gaffe », lui aurait-il simplement lâché lorsqu'elle lui a annoncé qu'elle partait rencontrer la journaliste.

« Mon épouse à laquelle je tiens beaucoup, […] ne connaît pas le système médiatique, se justifie-t-il de son côté le jour où sort ce panégyrique. Elle regrette d'ailleurs profondément. » Et de lui faire maladroitement porter le chapeau, avant de concéder du bout des lèvres : « C'est une bêtise qu'on a faite ensemble. » Responsable mais pas coupable. Et pour le moins guère convaincant. L'impertinent a l'habitude de jouer à sa manière les provocateurs, puis de s'en dédouaner en prenant cet air dégagé.

Des mois après cette tempête politico-médiatique, Brigitte Macron fait part de son désarroi, elle ne se pardonne toujours pas de l'avoir fait trinquer. « Ça a été très très violent après », reconnaît *mezzo voce* une conseillère du candidat à la fonction suprême.

En ce printemps 2016, Emmanuel Macron ne s'inquiète toutefois pas outre mesure. Il sait que le grand minotaure de l'info passera vite à autre chose. Dévorera d'autres que lui, quarante-huit heures passées et les boucles des chaînes d'info épuisées. Mais l'essentiel est d'agir, pas de tergiverser. Il a installé son couple parmi ce rare club de VIP *bankable*, « couverturables », tous horizons confondus. Il se livre parfois avec une sincérité qu'on peine à mettre en doute. Comme lorsqu'il prévient les journalistes qui l'accompagnent dans son périple londonien : « La chose qui m'importe le plus, au-delà de tout, de mon engagement, c'est mon couple. Je ne laisserai personne m'embêter là-dessus. »

Les Macron dégustent cette nouvelle notoriété à petites lampées. Quel bonheur de s'afficher enfin, d'être reconnus par tous, alors qu'ils ont dû vivre leur amour trop longtemps clandestinement. Quelle revanche de pouvoir imposer leur couple atypique, à la meilleure place dans « le » magazine qui consacre les monarques d'une époque et vénère rois et reines. « *Match* » s'arrachera à Amiens, comme dans toutes ces villes bourgeoises qui fleurent bon la province conservatrice. Amoureux depuis vingt ans, la professeure et son ancien élève n'ont pu officiellement se dire « oui » qu'en 2007. Les fêlures du passé ont laissé leurs empreintes douloureuses. Elles expliquent sans doute cette gourmande appétence à prendre la lumière... à deux.

La volonté d'Emmanuel de mettre systématiquement en avant son couple commence toutefois à agacer jusque dans ses propres rangs, même si le public « achète ». « La politique ne devrait pas être un moyen de guérir ses blessures narcissiques », lâche un député pourtant ami. Il craint de voir le candidat d'En Marche ! perdre de vue cette aventure collective dans laquelle il est censé s'inscrire.

Les plus capés tirent du reste la sonnette d'alarme alors que paraît, à l'été 2016, un second numéro de *Paris Match* consacré au duo enamouré. Les Macron, en une encore, sont « surpris » en tenue de bain, sur la plage de Biarritz. En premier plan, elle, dans un maillot fleuri, assumant, banalisant son âge, aidée d'une silhouette filiforme, lui en short de bain à pois, très BCBG. Tel un étudiant d'HEC après une partie de volley sur le sable entre copains.

Des clichés dans les pages intérieures montrent le ministre sur la terrasse d'un appartement prêté par des amis de la station basque. Tout sourire, il met la dernière main à son livre sur un ordinateur portable, sous l'œil bienveillant d'une épouse enlaçant avec tendresse ses épaules. Décontracté, il porte un polo assez basique. Son épouse arbore, elle, un maquillage soigné et une tenue siglée. Tout sauf des clichés de vacances pris sur le vif. Plus impossible encore de faire croire à des photos volées. D'une certaine façon, cette fois la « pose *people* » est parfaitement assumée. Contrairement aux moult flous artistiques scénarisés et autres « paparazzades » de Nicolas et Carla Sarkozy barbotant au pied de leur fief varois au cap Nègre. Ou jouant la fille de l'air à scooter comme deux adolescents, sans casque, shootés au loin.

Dans ce sujet de plusieurs pages, tout à leur gloire, une incongruité qui fait parler : une image les immortalise sur la plage échangeant quelques mots avec un naturiste. Du pain bénit pour les caricaturistes. Et pour François Hollande, qui ne fait pas l'économie de quelques bons mots, et se gausse en privé. De fait, le président interroge de plus en plus souvent ses visiteurs du soir sur l'influence réelle de Brigitte Macron. Elle l'intrigue, l'étonne.

« Moi, je ne fais pas du Macron, je ne me prête pas aux mises en scène », tempête le Premier ministre Manuel Valls, dans *L'Express*, évoquant la parution de *Paris Match*. Les ennemis du ministre de l'Économie ont trouvé un angle d'attaque alors qu'il s'apprête à démissionner. Forcément, Brigitte incarne vite à leurs yeux une dangereuse Lady Macbeth. Celle par qui le drame doit arriver, et qui poussera son mari aux pires infamies. Peu lui chaut. Bien malgré elle sans doute, elle prête le flanc à la critique. « C'est pourtant le contraire d'une intrigante », récuse en aparté son ami Philippe Besson.

La prudence, il est vrai, n'est pas sa première préoccupation. Elle est très spontanée. Aussi lui arrive-t-il de s'épancher auprès des visiteurs de son époux à Bercy, même ceux qu'elle connaît à peine. « La première fois que je l'ai rencontrée, alors qu'elle me raccompagnait, elle m'a dit que son mari gagnait très bien sa vie lorsqu'il était banquier, et qu'ils payaient énormément d'impôts à l'époque. Ajoutant qu'elle voyait bien qu'il ne songeait plus à autre chose qu'à la politique désormais », raconte un visiteur encore estomaqué par tant d'imprudence verbale pour clore une première entrevue.

Pas le genre en effet de Brigitte Macron de tourner dix fois sa langue dans sa bouche avant de parler ni de relire quatre fois un SMS avant de l'envoyer. Et puis, elle tient à garder une vie « normale ». Son franc-parler lui joue parfois des tours en société.

Début juillet 2016, invitée pour accompagner son mari venu intervenir devant le très sérieux Cercle des économistes d'Aix-en-Provence, présidé par l'influent libéral Jean-Hervé Lorenzi, Brigitte Macron rayonne. Certes, elle assiste en silence à l'accueil de *rock star* réservé à son mari. Ce dernier est quasi kidnappé, entraîné de table en table à la rencontre des acteurs économiques fascinés par ce jeune ministre si charismatique. « Invité deux étés auparavant, Michel Sapin n'avait certes pas autant déchaîné les foules », se souvient un participant.

Une autre participante au colloque, amie du couple Valls, garde un souvenir plus mitigé de la venue des Macron à Aix-en-Provence et notamment du « festival » de madame. Brigitte n'est intervenue à aucun moment lors des tables rondes. En revanche, elle parle haut et fort dans la piscine. Elle s'y prélasse tandis que les économistes en vue dissertent. « Pour nous, c'est 2017 ! » aurait-elle même lâché sans ambages. Qu'importe si son mari est alors toujours ministre d'un François Hollande encore loin d'avoir capitulé. « Il sait ce qu'il me doit », veut encore croire ce président qui l'a promu à vitesse supersonique.

À Aix, l'amie des Valls n'en revient pas d'un tel aplomb. « Elle pousse son mari, le colle en tout et pour tout. Elle est son moteur diabolique ! » cingle-t-elle, encore sarcastique quelques mois après l'épisode provençal.

L'homme n'a toutefois pas vraiment besoin qu'on le pousse. En février 2016, alors qu'il était ministre depuis un an et demi à peine, il ne cachait pas son ambition présidentielle. Il interroge même déjà le communicant Thierry Saussez, pourtant ancien conseiller et compagnon de route de Nicolas Sarkozy (lui-même déjà dans les *starting-blocks*). Il veut mesurer ses chances d'accéder, dès 2017, à l'Élysée. « Tu peux faire 10 % », lui répond alors le patron du Printemps de l'optimisme. « Ce n'est pas assez pour entrer dans l'histoire », commente Macron, grandiloquent.

Le futur candidat est alors déjà persuadé que la prochaine élection se jouera dans un mouchoir de poche. « Il pense pouvoir réaliser le vieux rêve d'Edgar Faure et réussir à constituer une majorité d'idées, à incarner cela au-delà des partis », assure Thierry Saussez, qui le retrouve quelquefois pour échanger, autour d'un café, avenue de la Grande-Armée.

Emmanuel Macron croit en son étoile. « Contrairement à Hollande et Sarkozy qui n'ont pas cette même connexion historique, analyse son soutien Renaud Dutreil au pedigree intellectuel si proche du candidat. Lui se sent imprégné par l'histoire, investi d'une mission. »

Lorsque, le 8 mai 2016, il « évoque Jeanne d'Arc, qui fend le système et est née pour tenter l'impossible », c'est à lui qu'il pense. Forcément. Comme épris de sa propre destinée. Tout comme lorsqu'il conclut : « Elle était un rêve fou et s'impose comme une évidence. »

Brigitte aussi commence à croire à cet heureux songe. Alors même qu'il n'a pas révélé son ultime ambition, elle se renseigne déjà auprès de ses fréquentations du *show-biz* sur les différentes formes d'engagement caritatif. Elle questionne même Bernard Montiel sur les associations qu'il a eu à parrainer. Affirme vouloir s'impliquer de cette façon. Au cas où.

« Ce qui m'intéresse c'est le handicap et notamment l'autisme, confie-t-elle à trois mois de l'échéance présidentielle. Quand j'ai commencé à enseigner, il n'y avait pas autant de cas, ça m'interpelle. La souffrance et l'abandon que subissent les parents me touchent. On n'a pas le droit de ne pas les aider. »

Si elle refuse officiellement de se projeter dans le rôle de première dame, Brigitte Macron sait ce qu'elle ne veut pas faire. Elle a assisté, aux premières loges, aux pas hésitants de Valérie Trierweiler à l'Élysée. Elle, ne veut pas être prise au dépourvu. Elle trouve que Carla Bruni s'est d'ailleurs très bien sortie de la séquence médiatique élyséenne. Elle a apprécié sa communication *a minima*, parfaitement contrôlée, et son *look* toujours épuré.

Au début de l'été 2016, même si leurs maris sont de potentiels concurrents, elle cherche à se rapprocher d'elle pour s'enquérir de ses conseils et demande ses coordonnées à une connaissance commune. Elles ne se rencontreront pas, mais Brigitte Macron dit haut et fort son admiration pour l'ex-*first lady* : « Elle a bien fait le job. On l'a beaucoup critiquée, et elle est passée au milieu de tout cela avec beaucoup de classe. Elle a très bien géré ; ça n'était pas facile. »

Une fois le gouvernement quitté, plus rien ne semble pouvoir freiner ce duo de conquête si soucieux de retrouver son reflet sur papier glacé. Si conscient surtout de son impact dans l'opinion. Si lucide sur la célérité avec laquelle il faut gagner une existence, une visibilité que d'autres ont mis des années à construire.

Les ventes si hautes les galvanisent. Font oublier les désagréments inhérents à la surexposition, comme ce jour où un drone a survolé le jardin de la maison du Touquet alors que leurs petits-enfants s'y ébattaient. « Nous avons envisagé d'entamer des procédures lorsqu'il y a eu les premières photos volées, confie Tiphaine Auzière. Puis nous avons renoncé. »

Trente à cinquante pour cent de plus par numéro de *Paris Match* lorsqu'ils en préemptent la une. Pourquoi lésiner donc ?... Avec de tels intérêts partagés de part et d'autre. *In fine*, le couple truste trois couvertures en huit mois seulement !

Quoi de plus narcissique que la quatrième de couverture de son livre de campagne *Révolution* ? Pas un mot, pas même quelques lignes de présentation, comme c'en est l'usage sur n'importe quel ouvrage. En lieu et place ? Son portrait. Plein cadre. Son sourire si juvénile. Du jamais vu dans le monde de l'édition depuis un certain Valéry Giscard d'Estaing dont la modestie n'a jamais été une évidence.

« Je ne fais pas le métier d'éditeur, c'est son choix », se défendra benoîtement l'ex-ministre, devant des journalistes assistant à la Fnac des Ternes, à Paris, à sa grande première séance de dédicaces.

Dans l'entourage politique, les sourires se crispent, la critique fuse. « Même Sarkozy n'avait pas osé ça », peste un élu proche. Lui-même a d'ailleurs longtemps été édité chez XO, par son ami Bernard Fixot. D'autres s'étonnent de voir de plus en plus souvent, dans le sillage de Brigitte Macron, Michèle Marchand, alias « Mimi », patronne de l'agence de photos *people* Bestimage.

Une personnalité parfois contestée, mais qui sait choyer ses « protégés » comme personne pour qu'ils monopolisent l'affiche. Prenant soin d'eux telle une généreuse et omniprésente maman.

Le mélange des genres dérange. Peu après sa nomination à Bercy, déjà, l'image d'un ministre de l'Économie dans les tribunes du Stade de France, découvrant, hilare, les toutes premières photos de son couple publiées dans *Closer*, avait fait grincer quelques dents.

Les groupes de travail d'En Marche !, aux quatre coins de la France, font remonter eux aussi leur inquiétude en cet automne 2016 quant à cette personnalisation exacerbée. Une responsable, du côté de Toulouse, a bien senti un léger agacement de ses troupes. Un autre de l'Hérault a aussi bien dû se rendre à l'évidence, lors des réunions de ces militants, pour la plupart néophytes en politique : « Beaucoup émettent désormais des doutes sur cette "peopolisation", comme on dit. Ils trouvent qu'il expose trop son épouse dans *Paris Match*, craignent que cela puisse lui nuire politiquement », raconte le militant, un rien partagé sur le sujet.

Certains s'étonnent de cet homme qui se veut si différent de ses pairs et s'affiche, *in fine*, si semblable à ces « pères » du cénacle politique. Reprenant les ficelles si usées du système médiatique. N'a-t-il pas choisi, pour le suivre et diffuser de nombreux clichés à la presse, la photographe Soazig de La Moissonnière ?

La jeune femme qui aime les portraits noir et blanc, façon pub de parfum pour homme, officia pendant la campagne présidentielle de 2012, pour un certain... François Bayrou. Pas un novice en politique. Et celui-là même qui dézingue aujourd'hui un rival préemptant un peu trop son terrain.

Plus encore que les « couv » de « *Match* », le documentaire de Pierre Hurel diffusé à l'automne 2016 a tendu un peu plus les récalcitrants ou les sceptiques, à en croire d'autres responsables locaux d'En Marche !.

Du côté de Toulouse, une figure du mouvement s'en émeut aussi : « Là, ça fait un peu beaucoup, c'est sûr, la vidéo de leur mariage. » Mais bon, après tout, Mme Macron a l'air très sympathique, disent-ils tous en chœur, et cela ne suffit pas (pour l'heure ?) à parasiter leur enthousiasme de néo-convertis à la politique. « Mais comme on nous demande de tout noter, de tout faire remonter de ce que disent les adhérents, je ne me censure pas et je l'écris », raconte l'un de ces « marcheurs » très investis.

Puisque Brigitte Macron est l'un des atouts politiques d'Emmanuel, pourquoi changer une stratégie qui non seulement ne l'affecte pas dans les sondages, mais le porte, indéniablement ?

L'entourage politique d'Emmanuel dit peut-être des choses derrière son dos, reconnaît-elle, mais à elle, ils ne disent rien. L'invitation, en forme de faire-part, signée Brigitte et Emmanuel Macron, envoyée aux hôtes de marque pour qu'ils viennent assister au premier grand meeting, à Paris, le 10 décembre, achève pourtant d'agacer les plus indulgents.

Lors de ce rassemblement orchestré telle une démonstration de force, plus de dix mille personnes se presseront porte de Versailles, des jeunes, par centaines, mais aussi des hommes et des femmes qui ne votent plus depuis longtemps. Mais que ce nouveau venu du monde politique intrigue. Tiphaine Auzière s'y rend en covoiturage depuis le Pas-de-Calais.

Dans le véhicule : un militant socialiste, ex-soutien de François Hollande, un sarkozyste, et un néophyte, comme elle. Emmanuel Macron a bien sûr décidé en ce moment décisif de prendre seul la lumière, et fend la foule, sans Brigitte, pour rejoindre la scène. Tout juste s'arrête-t-il pour lui offrir un furtif baiser.

Dans une veste de cuir bleu ciel Vuitton qui souligne sa taille de guêpe, avec son pantalon de cuir noir toujours, elle s'est installée, bien avant le début du show, dans le carré « VIP », à côté de sa benjamine. L'avocate spécialisée en droit du travail est un fervent soutien de son beau-père. Après l'épouse, la belle-fille... qui n'a pas manqué toutefois de signaler à *La Voix du Nord* et à *L'Écho du Touquet* sa prise de parole publique lors d'une réunion du mouvement dans une brasserie de l'aéroport touquettois. Quoi de mieux pour faire parler un peu plus encore du mouvement...

Entre les deux femmes, les soutiens de premier rang, le maire de Lyon Gérard Collomb et Richard Ferrand, député du Finistère, aubryste d'antan. Alors que le discours-fleuve entraîne la foule qui agite de petits drapeaux tricolores et européens, Brigitte écoute scrupuleusement son ancien élève déclamer sur scène son premier acte de campagne.

Entre deux commentaires à sa fille, elle scrute cette gestuelle qu'elle apprécie tant chez son mari. Lui n'oublie pas, comme ils l'ont répété tous les deux, de s'adresser à l'ensemble du public qui l'encercle. Brigitte est restée en retrait lors de cette grande manifestation. C'est la volonté d'une partie du staff qui s'inquiète de sa surexposition, et de l'image parfois bling-bling qu'elle renverrait. C'est bien elle qui est montrée du doigt. Mais figure au « casier » son passé à lui de banquier. « Pour ma part, je n'ai pas connu un garçon fasciné par l'argent et le matérialisme, raconte son ami d'hypokhâgne Brice. Je ne crois pas qu'il soit animé par tout ça. »

François-Joseph Furry, qui l'a suivi depuis longtemps, ne dit pas autre chose. « L'argent n'est pas son moteur. Il a quitté Rothschild au moment où il aurait pu gagner beaucoup plus ! »

Interrogé au soir de sa vie, en septembre 2016, son richissime ami Henry Hermand osait même confier : « Emmanuel ne roule pas sur l'or, alors il fait attention ! » Et de lui faire partager alors les plus belles « adresses » de son carnet pour que son protégé lève un maximum de fonds.

Sur l'antenne de France Inter ou sur TF1 début février 2017, comme nul autre politique de ce rang, il brandit son livre, tel un camelot, proposant au public de l'acheter. Arguant qu'il ne vit désormais plus que grâce à ses droits d'auteur… lui, l'ancien gérant-associé de Rothschild aux émoluments annuels atteignant parfois les sept chiffres.

Ses tenues à elle sont trop ostensiblement sorties de vestiaires de grands couturiers. De quoi plaire à Karl Lagerfeld qui se dit séduit. L'allure ultra-stylée de Brigitte Macron rappelle celle d'une Rachida Dati en son temps épinglée pour ses accointances avec Dior ou Lacoste. L'hommage que lui a rendu dans *Gala* le très branché designer Nicolas Ghesquière, pourtant avare de confidences à la presse, l'inscrit pour de bon dans la « *fashion* sphère ». « C'est un beau compliment de voir mes créations portées par Brigitte Macron, une femme d'esprit aux goûts confirmés, a-t-il souligné dans le magazine. J'aime son style et son sens de la mode. »

Autant de confidences qui ne cadrent pas vraiment avec ce qu'envisagent certains conseillers de son époux pour la campagne. En un mot, elle parasiterait le message politique de ce dernier. Pis, ses tenues hors de prix raviveraient les critiques sur le banquier Macron qui cherche à faire oublier les millions gagnés chez Rothschild.

Avant l'été 2016 déjà, Brigitte Macron fut mise en garde par quelques-uns sur le fait qu'elle pouvait se faire épingler sur ses atours. Jusqu'à 15 000 euros en vêtements de luxe pour la seule tenue d'un jour… Interloquée qu'on lui fasse remarquer cela, elle aurait simplement répondu qu'on lui prêtait ces tenues et qu'elle n'en connaissait pas le prix.

Début 2016, les Macron, il est vrai, dînaient chaque semaine, ou presque, chez Bernard Arnault, propriétaire de LVMH.

« Différentes maisons me proposent des vêtements chaque semaine, raconte l'épouse du candidat à la présidentielle, quelques mois avant la cruciale élection... Et pour les soirées de gala, je trouve cela sympa de montrer ce qu'est la création française. » Mais Brigitte laisse entendre que, si cela devait être reproché à son mari, elle cesserait de porter de si coûteuses tenues.

Cette prudence est nouvelle chez elle. Et souffre quelques exceptions. À l'issue de la prestation d'Emmanuel Macron porte de Versailles, son épouse, bien escortée, a répondu avec chaleur à ceux, du public, qui la saluaient, alors qu'elle s'apprêtait à quitter la salle par une sortie protégée par de hautes barrières. Elle prend le temps d'écouter un monsieur en fauteuil roulant, lui prenant la main, lui parlant longuement. Son garde du corps laisse alors faire, mais il est sur les dents.

Durant le meeting, quelques agitateurs ont pu pénétrer dans l'enceinte pourtant ultra-sécurisée du Parc des expositions. Ils ont hurlé « Merci Macron ! » sur l'air de « Merci Patron » – après le succès du film homonyme critiquant la firme de Bernard Arnault –, jeté quelques boules puantes avant d'être expulsés. Le couple a l'habitude de ces débordements.

Ce jour-là, n'en déplaise au colosse qui la protège, l'œil aux aguets, elle n'esquive pas les interpellations, savourant ce meeting très réussi. Elle échange aussi avec l'une des auteures de ce livre. Lorsque cette dernière tente de prendre date pour une interview à venir, elle pose un doigt sur sa bouche. « Pas tout de suite », sous-entend-elle. Jamais contrariante. Bien loin des codes habituels de la politique. Et de ceux qui l'incarnent à ce niveau-là. Pour laisser retomber le climat de suspicion, l'accusation en « peopolisation » du couple qu'elle porte sur ses épaules, il est urgent d'attendre...

Mais quelques instants plus tard, alors que son *bodyguard* fait barrage à Cyrille Eldin qui s'approche d'elle pour cueillir ses impressions, Brigitte fait signe de le laisser franchir la barrière. Elle a un faible pour le présentateur du *Petit Journal*, qui fut jadis comédien et se pique d'une certaine culture littéraire. Il fut de ces hôtes conviés lors des dîners *show-biz* organisés à Bercy.

Elle, qui s'était contrainte au silence, ne peut s'empêcher de lui glisser face caméra : « Tiens

Cyrille, toi qui es cultivé, sais-tu quel est le premier vers d'*Alcools* d'Apollinaire ? "À la fin tu es las de ce monde ancien." »

Satisfaite de son effet, bien qu'elle aime à citer souvent ces mots-là, l'ex-professeure de lettres s'apprête à tourner les talons. Mais le journaliste cherche, comme toujours, à avoir le dernier mot : « Et dire que pendant ce temps Manuel Valls est en train de serrer trois pognes à Évry », lance-t-il. « Quand il va voir qu'on est ensemble, il va être jaloux ! » répond-elle, mutine. Une petite provocation sous l'œil des caméras.

Selon *Le Canard enchaîné* trois jours plus tard, l'un des ténors du mouvement, Gérard Collomb, peste justement contre ce couple qui ne jure que par son image télé et la presse people.

La troisième une de *Paris Match* de 2016, consacrée au couple fin novembre, vient d'ailleurs juste d'échauffer les esprits, même les plus tolérants à l'égard du nouveau trublion de la politique. Une figure amicale, érudite, d'Emmanuel Macron s'agace de tels choix : « À la troisième couverture, on ne peut plus parler de faux pas. » Il laisse entendre que « cela ne lui ressemble pas ». « Ce n'est pas lui ! » s'irrite-t-il, évitant d'incriminer franchement celle qu'il imagine être à l'origine de tout ça, mais ne dissimule rien de sa contrariété.

La réponse, par SMS, du médiatique politique ne tarde pas : « Ceux qui n'aiment pas *Paris Match* sont des snobs. » « Eh bien, je préfère être snob ! » réplique l'intellectuel.

La passe d'armes entre ces gens de lettres illustre bien cette fracture, ce point de crispation entre un monde universitaire qui ne cède pas, ne transige pas avec la facilité, la compromission, ce vulgaire étalage de soi, voie empruntée par le candidat. Comme tous ou presque.

Ses rivaux, eux, enchérissent à loisir, comme Arnaud Montebourg, contre le phénomène : « Emmanuel Macron c'est le candidat des médias, il en est à sa 75e couverture de magazine ! »

En pleine campagne de la primaire à gauche, c'est sa compagne Aurélie Filippetti qui sonne la charge contre *L'Obs*, qui ausculte à sa une, une fois encore, le cas Macron. Son tweet se veut aussi critique sur la nouvelle star des journaux que sur une gauche médiatique un peu trop partisane...

« J'ai d'abord cru à une blague, mais non ! Après six une sur Emmanuel Macron en 2016, *L'Obs* franchira-t-il un nouveau record ? » ironise la députée de Moselle.

Le candidat d'En Marche ! a beau n'avoir trusté les couvertures « que » d'une quarantaine de journaux, avec ou sans sa compagne, ce record l'oblige à corriger le tir. « Je ne suis pas propriétaire de ces titres », se défend l'ancien ministre sur le plateau de l'émission *C à vous*, sur France 5.

« Si les uns ou les autres décident de me mettre en une, poursuit-il sans fausse modestie, ça veut dire une chose, c'est que ça fait vendre, ou que ça intéresse. » De fait, « *Match* » fait ses meilleures recettes grâce au couple.

Puis vient l'agacement, lorsque l'animatrice Anne-Élisabeth Lemoine le pique au vif, et pointe une stratégie de com à l'ancienne, utilitariste dans cette manière d'exposer son épouse. Il s'énerve brièvement, lâche un très rural « bon sang de bonsoir », expression bien rare dans la bouche des moins de quarante ans. Du coup, le ton monte – un peu – et sa voix grimpe dans les aigus lorsqu'il pointe, sur un écran, la une de *Paris Match* où il apparaît en maillot de bain : « Je suis en vacances à Biarritz, je ne vais pas me mettre en combinaison parce qu'il y a des photographes qui me poursuivent ! [...] Je n'exhibe pas ma vie intime. La seule fois où j'en ai parlé, c'est dans mon livre et je l'assume. »

En martelant cela, Emmanuel Macron fait un peu vite l'impasse sur les images de son mariage que le réalisateur Pierre Hurel a récupérées pour son documentaire *Emmanuel Macron : la stratégie du météore*. Si les époux ne les lui ont pas livrées clefs en main, il est peu probable qu'ils n'aient pas été informés par cet intermédiaire de cet échange d'images avec le documentariste.

Intéressé par le « phénomène Macron », cet « ovni » du gouvernement, le réalisateur entendait s'atteler au destin romanesque du personnage. À Bercy, lorsqu'ils se rencontrent, le ministre, qui avait notamment apprécié le documentaire d'Hurel sur Georges Pompidou, énonce pourtant d'emblée ses réserves : « Je n'aime pas parler de ma vie privée. »

Au fil d'un second rendez-vous, il ajoutera, ce qui, ensuite, se devine aisément comme l'essentiel à ses yeux : « Ce qui m'intéresse, c'est de parler de mon projet. » La machine En Marche ! est alors en route. Mais Macron n'est pas dupe. Ni des appétences médiatiques, ni de l'intérêt qu'il a à construire son propre « *storytelling* ».

« Je comprends bien qu'il faut raconter une histoire », acte-t-il en substance. Comme si leurs rôles étaient finalement bien répartis dans cette marche au pouvoir : Emmanuel montre ses réserves, et Brigitte, d'emblée, s'affiche partante. Mais tous deux sont si fiers de leur singulière histoire, fiers d'afficher à la face du monde que tout va bien, qu'ils ne se laisseront pas déboussoler par quelque fâcheuse rumeur. Heureux d'incarner à l'écran ce couple, dont le mariage avait « la force d'une évidence ». Des mots confiés à son premier biographe, le journaliste de *Marianne* Marc Endeweld[1], dits et redits par la suite. Comment ainsi ne pas traiter « l'évidence » de sa vie ? Son point cardinal, sans doute.

« Il pense que c'est nécessaire de raconter sa vie, mais au fond il n'aime pas ça », estime aujourd'hui Pierre Hurel. Alors, le futur postulant à l'Élysée s'y résout. Sans broncher. Sans en rajouter non plus, même si le film apparaît, du moins pour la partie intime, assez « *embedded* » et empathique.

Quand son épouse, sur leur terrasse au Touquet, s'épanche pour la première fois longuement sur sa rencontre avec son élève, Macron n'est pas là,

---

1. Marc Endeweld, *L'Ambigu Monsieur Macron*, Flammarion, 2015.

n'écoute pas aux portes. Par pudeur, sans doute. Une réalité paradoxale mais indéniable, si l'on écoute ceux qui l'ont pratiqué. Son entourage politique, quoique ultra-vigilant, verrouillant ce qui doit l'être, ne dit pas autre chose. Non, Emmanuel Macron n'aime pas assister aux confidences de Brigitte sur leur couple. Et ne se livre pas si aisément.

Quand ce documentaire détonnant, tranchant avec les classiques biopics politiques, se prépare au printemps 2016, l'équipe de Bercy s'affole. Ismaël Emelien, l'ancien strauss-kahnien, le fin stratège d'à peine trente ans, fait savoir qu'il ne faut surtout pas faire ça. Il n'est pas le seul. Certains, pas nécessairement familiers de ce que recouvre un tel documentaire, laissent finalement le champ (très) libre à Pierre Hurel. Emmanuel Macron n'a cure de ces avertissements, tranchant comme à son habitude, lui et lui seul.

Brigitte Macron n'est, de son côté, pas mécontente de livrer pour la première fois cette aventure intime qui a tant bouleversé sa vie. Sans réaliser peut-être l'impact de ce récit très personnel, des mois plus tard, auprès des militants d'En Marche !, de l'opinion et du microcosme politique surtout. À sa diffusion sur France 3 en novembre dernier, quelques plumes spécialisées ne manquent pas d'étriller sur Twitter ces séquences inouïes, comme le consentement des époux à la mairie du Touquet en 2007, ou encore ce discours solennel du marié, remerciant, au cours du dîner au Westminster, la famille ; les enfants de Brigitte.

Les Macron cassent décidément tous les codes... tout en reprenant les vieilles recettes de la peopolisation. Plus corsées encore. « Contrairement à certains qui sortent leur épouse de la naphtaline quand les enjeux politiques l'exigent, au moins, eux jouent la transparence », loue la communicante Patricia Balme.

L'ancien ministre devenu candidat sait qu'une overdose peut finir par tuer sa belle ascension. Il aurait ainsi été bien tentant d'offrir en fin d'automne 2016 des images de leur duo parti séduire l'Amérique, foulant la 5e Avenue ou scrutant la Statue de la Liberté avant la conquête de l'Hexagone.

Mais Brigitte ne sera pas de l'escapade new-yorkaise. L'ancien ministre participera seul à des déjeuners de levée de fonds pour nourrir les caisses de la future campagne (entre 2 000 et 7 500 euros récoltés par convive). Il visitera, avec son seul conseiller presse pour chaperon, une école française. Pas de reportages avec photos pleine page cette fois. Le prix à payer pour que s'éloigne l'orage. Il lui faut échapper aux radars. Chacune de ses apparitions excite le microcosme médiatique et irrite ses adversaires politiques.

Malgré son mutisme au meeting de Paris, la presse féminine et *people* à l'instar de *Gala* s'attache dès le lendemain de la prestation du candidat d'En Marche ! à consacrer tout un diaporama à son épouse. Ses *looks rock* et *glam*, son singulier perfecto bleu ciel sont décortiqués sur le site du magazine. Ces nouveaux venus dans le paysage politique intéressent. D'autant que Tiphaine, la fille de Mme Macron, aux traits si semblables, apparaît pour la première fois publiquement au côté de sa mère.

L'article sera cliqué des milliers de fois. Ce n'est plus le seul « couple Macron », mais la grande famille Macron qui s'invite dans l'opinion.

Au meeting de Lille, le 14 janvier dernier encore, Tiphaine Auzière, dans une veste beige à gros boutons argentés, assise à la droite de sa mère, n'a pas manqué d'attirer les caméras. Le matin même en aparté, lors d'une visite dans une école maternelle à Hellemmes près de Lille, Brigitte Macron confiait même l'intérêt croissant de sa benjamine pour la politique : « Elle en fera sans doute un jour. »

Dans les Hauts-de-France la rumeur n'a pas tardé à courir sur une possible candidature aux législatives de 2017 pour la benjamine du clan. « Trop prématuré pour cette jeune maman », arguë son entourage. « Quel avocat n'aimerait pas inventer des lois, confie Tiphaine Auzière. Mais on trouvera toujours beaucoup de gens pour devenir députés… Moins pour élever mes deux enfants ! »

Pour l'heure, après avoir quitté le cabinet Opal'juris du Pas-de-Calais et s'être mise en réserve du barreau de Boulogne-sur-Mer pour s'occuper de ses deux bambins de trois et un an, elle s'attelle à la création de son propre cabinet d'avocat. Et ne ménage pas son temps pour le succès de son beau-père. Une équipe de France 3 Région l'a d'ailleurs filmée dans la crèche associative de son fils. Elle y expliquait les raisons de son implication dans le mouvement En Marche !. Pas sûr que sa sœur aînée Laurence se prête au jeu médiatique. Encore moins son frère Sébastien, particulièrement soucieux de laisser les siens en dehors de tout ça.

Cette exposition dynastique à la Kennedy risque d'en irriter tant, surtout à gauche, déjà lassés de l'ubiquité médiatique de Macron. « Il n'existe que grâce à vous », tempête une de ses anciennes collègues du gouvernement. « Ça n'est qu'un avatar », étrille encore le clan Montebourg. Mais peu importent, finalement, les avertissements qui leur sont envoyés. La cure d'abstinence médiatique post-meeting de la porte de Versailles n'aura pas été bien longue.

Le 26 décembre, les agences de presse immortalisent à leur guise le couple déambulant, main dans la main, dans les ruelles de Lisbonne, après un week-end de Noël passé dans leur villa du Touquet. Sous le soleil portugais, ils flânent comme deux jeunes tourtereaux. Denim tendance et lunettes de soleil. Abordés par un photographe envoyé pour les suivre à la trace, les Macron le laissent travailler. En « bonne intelligence ».

Ils sympathisent même avec ce chasseur d'images et échangent quelques bonnes adresses lisboètes… *VSD*, qui n'en est pas à sa première couverture sur le couple, ne tergiverse pas, achète les photos proposées par l'une des agences et affiche pour les fêtes à sa une « le » duo de l'année. « Derniers moments d'intimité avec son épouse Brigitte avant la bataille de 2017 », titre l'hebdomadaire. « Leur couv, cette semaine, c'est un truc de dingue ! » commente l'entourage, entre stupeur et… faux-semblants.

Toute campagne recelant son lot de chausse-trappes et sa part d'âpreté, l'homme pressé risque d'avoir du mal à jouer de cette candeur à chaque nouvel épisode. Bien sûr, il a trouvé la parade, puisque, de fait, il n'évoque pas lui-même la coulisse de sa vie privée… tout en se laissant fixer par les objectifs en compagnie de son épouse. Une manœuvre bien rodée, quoique flagrante pour un œil averti. Ces mêmes méthodes furent celles de Ségolène Royal en 2006. « Une candidate de papier glacé ! » raillaient alors les éléphants incrédules face à son irrésistible ascension.

Dans les rangs même de la presse, le procès en macronphilie agite les rédactions. Christophe Barbier, ex-directeur de la rédaction de *L'Express*, n'a, il est vrai, pas fait mystère de son appétence pour les nouveaux dogmes de la « Macron-économie ». Le directeur du *Point*, Étienne Gernelle, entretient aussi une relation bienveillante avec le candidat d'En Marche !.

Marianne, le premier, mi-janvier 2017, s'irritait de la bienveillance, jugée béate, de certaines gazettes social-démocrates comme *L'Express* ou *L'Obs*. « Macron tête de com. Ras le bol des médias fous qui l'adulent. Et si on parlait enfin de ses idées ! » titrait l'hebdomadaire exaspéré.

Rarement il est vrai une personnalité politique récente n'avait suscité prose si peu assassine. Les Français se défient pourtant plus que jamais de lui comme de ses pairs. Lui se méfie, lucide, de ces mirages médiatiques, mais a l'insolence de croire en sa providence.

Épilogue

Elle écoute. L'homme de sa vie cite René Char, une fois encore. Et se félicite, presque lyrique, de la présence de tous ces nouveaux conquis autour de l'immense scène tricolore. Ce 4 février, à Lyon, dans une mise en lumière très américaine, il prend son temps. Égrène tout ce qui a fait sa force, celle-là même qui le propulsera, bientôt... ou pas.

Lorsque Emmanuel Macron est décidé, rien ne peut l'entraver. « On nous expliquait que cela ne se faisait pas, que cela n'était pas possible, que ce n'était pas fait pour nous, qu'il fallait respecter les règles, des ordres établis, des disciplines, qu'il fallait chercher le bonheur ailleurs. »

Le regard bleu cyan de sa femme s'embue. Devant ces milliers d'yeux, son couple devient la métaphore de sa quête prométhéenne, de cette capacité à s'affranchir d'un cadre, aujourd'hui politique. Tel un gage de cette « révolution » promise aux Français. Qu'importe si des fâcheux se pincent à voir tant d'ostentation.

Quelques jours plus tard, il mettra en avant, une nouvelle fois, son couple tel un étendard contre la rumeur. Sur la scène de Bobino, devant les Marcheurs parisiens, qui n'en demandaient pas tant, il évoque les bruits qui parcourt l'Hexagone. « Pour mettre les pieds dans le plat, si dans les dîners en ville on vous dit que j'ai une double vie avec Mathieu Gallet ou qui que ce soit d'autre, c'est mon hologramme qui soudain m'a échappé, mais ça ne peut pas être moi ! » L'homme en veut pour preuve la constante présence de son épouse à ses côtés : « Je vous rassure, comme elle partage tout de ma vie, du soir au matin, elle se demande simplement comment physiquement, je pourrais. »

Tous d'eux s'attellent à endiguer la rumeur maligne.

Quoi qu'il puisse arriver, les Macron auront vécu vingt années exceptionnelles. C'est elle qui le dit. Deux décennies ont passé depuis leur singulière rencontre, mais les souvenirs restent vifs. « Vous écrivez un livre à deux ? Comme Emmanuel et moi à l'époque ! » nous glisse-t-elle. Eux deux avaient repris à l'envi cet *Art de la comédie*.

L'amour des lettres... puis l'Amour. Un glissement, impalpable, irréfragable. Dans la pièce d'Eduardo De Filippo scénarisée par Brigitte Auzière, l'élève Macron incarne Oreste Campese, directeur d'une troupe de théâtre. Chef d'orchestre d'un monde où des notables étriqués, conviés à la représentation de la pièce, ne sont que de pâles administrateurs de la chose publique. Mais où tout finit par se confondre. Où l'on ne distingue plus les politiques des acteurs. Interchangeables visages.

Le candidat de « la transformation » s'est-il lui-même délesté de son premier costume ? Ou croit-il encore vraiment à ces forces de la philosophie et du savoir, qui, dans la pièce italienne, triomphent sur la technocratie ?

Sur scène, Campese a cette phrase d'une sage clairvoyance : « Au théâtre, la parfaite vérité, c'est et ce sera toujours la parfaite fiction. » Aujourd'hui la scène du réel fait d'Emmanuel Macron un personnage en quête de hauteur. Le programme est vaste. Si la dernière marche n'était montée, cette fois, on l'imagine déjà emprunter ces mots de Rimbaud.

Et réciter encore en son for intérieur,
« Et j'irai loin, bien loin, comme un bohémien,
Par la nature, heureux comme avec une femme. »

Remerciements

Merci à tous ceux, nombreux, qui ont accepté, cités ou non, de nous livrer leur éclairage.

Merci à Brigitte Macron de nous avoir accordé du temps.

Merci à la famille et aux compagnons de route d'Emmanuel et Brigitte Macron, qui ont bien voulu témoigner.

Caroline Derrien

Merci à C.R., qui sait mieux que personne apprivoiser son « public ».

Ses attentions furent revigorantes.

Un chaleureux merci à mon amie A.-V., et à R. pour leur soutien.

Une pensée pour L.B.

Merci à E.C. qui toujours m'accompagne, à Molière et à Wilde, qui m'ont offert quelques rôles, et plus encore.

Candice Nedelec
Merci à Christine et Hervé pour leur indéfectible soutien et à Guillaume pour sa vigilance fraternelle. Merci à tous pour les bonnes ondes venues du golfe de Saint-Tropez, et tout particulièrement celles de Jeanine.

Table des matières

Prologue 11

Providentielle rencontre 15
Amiens-Paris 37
Les conquérants 55
L'effronté 93
Une résistible ascension ? 113
Folle rumeur 131
Au théâtre ce soir 143
L'accompagnatrice 161
Un couple *bankable* 189

Épilogue 223

Remerciements 227

Composition et mise en pages
Nord Compo à Villeneuve-d'Ascq

Impression réalisée par
CPI BRODARD ET TAUPIN
La Flèche
pour le compte des Éditions Fayard
en février 2017

Fayard s'engage pour l'environnement en réduisant l'empreinte carbone de ses livres. Celle de cet exemplaire est de :
0,300 kg éq. CO_2
Rendez-vous sur
www.fayard-durable.fr

PAPIER À BASE DE FIBRES CERTIFIÉES

Imprimé en France
Dépôt légal : mars 2017
N° d'impression : 3021038
46-5013-4/01